한국교회 앞에 외치는 영운(靈雲)의 소리

회개하라!
무너진 성벽 재건하라!

한국교회 앞에 외치는 영운(靈雲)의 소리

회개하라!
무너진 성벽 재건하라!

Copyright ⓒ KEUN SAM 2015

1쇄 발행 2015년 1월 16일
지 은 이 신종구
펴 낸 이 오명옥
펴 낸 곳 큰샘출판사

출판등록 제2014-000051호(1995. 3. 10)
주   소 서울시 영등포구 도신로 244
전   화 02) 6225-7001~3
팩   스 02) 6225-7009

ISBN: 978-89-89659-32-7

정가: 값 13,000원

이 책은 저작권법에 따라 보호받는 저작물이므로 저작권자와 출판사의 동의 없이
이 책의 전부 또는 일부 내용을 복제하거나 다른 용도로 사용할 수 없습니다.

이 도서는 국립중앙도서관 출판시도서목록(CIP)은 서지정보유통지원시스템 홈페이지
(http://seoji.nl.go.kr)와 국가자료공동목록시스템(http://www.nl.go.kr/kolisnet)에서
이용하실 수 있습니다(CIP제어번호: CIP2014037554).

한국교회 앞에 외치는 영운(靈雲)의 소리

회개하라!
무너진 성벽 재건하라!

| 신종구 지음 |

● ● ● **프롤로그 (Prologue)**

한국교회 앞에 외치는 영운(靈雲)의 소리

"하늘이여 들으라! 땅이여 귀를 기울이라! 여호와께서 말씀하시기를 내가 자식을 양육하였거늘 그들이 나를 거역하였도다 소는 그 임자를 알고 나귀는 주인의 구유를 알건 마는 이스라엘은 알지 못하고 깨닫지 못하는도다"(사 1:2~3)

한국교회여! 개혁으로 안 된다. 새로 믿어야 한다!
일제 말엽에 목사 50여명이 예수 이름으로 세례받은 것 취소하고 천조대신의 이름으로 미소기 세례를 받았으니 그들은 목사도, 교인도 아니다.
그들에게 세례받고 목사 안수 받은 사람들이 정말 하나님께서 인정하시는 사람들일까? 철저히 회개하고 죄악된 과거를 깨끗이 청산해야 한다.

…
인생은 뜬 구름과 같은 존재이다.
그러나 하나님의 구름 즉 영운(靈雲)은,

첫째, 인도자 역할을 한다.
이스라엘 백성이 광야 길을 걸을 때 구름기둥으로 인도하셨다.(출 16:10, 24:14~18)

둘째, 보호자 역할을 한다.

우편 그늘이 되어 모든 재난을 막아주신다.(시 121:5~6)

셋째, 공급자 역할을 한다.
이른 비와 늦은 비로 영육간에 풍성하게 하신다.(욜 2:2~8)
하나님의 구름은 하나님의 영광을 위해 영원히 헌신한다.

30만 한국교회 목사님들 설교 들으면, 코미디같은 설교, 축복 설교하는 곳에는 수천 명, 수만 명이 모여든다.

베드로처럼 설교하고 나면, 형제들아 우리가 어찌할꼬? 하며 눈물이 쏟아지는 설교를 들어볼 수가 없다.
토마스 칼라일은 "세계의 운명은 설교자에게 달려 있다. 설교가 사람들의 심령과 삶에 영향을 주고 축복을 주고 있다"고 했다.
성령의 능력을 상실한 직업화 된 설교자들의 설교는 어떠한 역사도 일어나지 않는다.
성경은 정확 무오한 하나님의 말씀이다. 신앙과 생활의 표준이 되는 말씀을 듣고, 읽고, 행하면, 영생하는 축복을 받을 것이다.
그런데 요즘 시대에는 말씀의 홍수 속에 마실 물이 없으니 문제이다.
우리 모두 심판대 앞에 설 때에 마 7:23에서, "내가 너희를 도무지 알지 못하니 불법을 행하는 자들아 내게서 떠나가라 하리라"는 책망을 들을까 두렵다. 눅 18:8에서는, "인자가 올 때에 세상에서 믿음을 보겠느냐" 하셨다.
말세지말에 하나님은 소돔과 고모라에서 의인(義人) 10명을 찾지 못 하셨다. 예루살렘에 의인 한 사람만 있으면 용서하리라고 하셨는데, 의인을 찾지 못 하셨다. 오히려 바벨론 포로로 잡혀가 70년 노예생활을 했다.
신사참배 반대로 7, 8년 성상 옥고를 치르고 피골이 상접한 12사람이 다 부셔진 한국교회를 재건하자! 하였다. 그렇게 재건교회가 시작된 것이다.

그러나, 감옥 밖에서는 교회 지킨다고 애썼다면서 미군에게 붙어 목회 하는 사람도 있었고, 일본인이 운영하는 심상 소학교 맡아서는 넓은 땅 차지한 사람들도 있었다. 어느 분의 후손들은 대학을 7, 8개나 소유하고 있다고 한다. 1938년 10월 총회에서 신사참배 가결하고 평양신사에 절한 인도자들, 총대들은 모두 영적으로 죽은 자들이 되었다. 그런데, 그들의 영향력이 아직까지 한국교회에 미치고 있는 것이 현실이다. 참으로 통탄할 일이다. 하루 속히 철저히 회개하고, 바른 성경의 진리 위에 굳건히 세워져야 할 것이다.

이 작은 졸필은 오명옥 대표의 열성으로 한국교회 앞에 내어놓게 되었다.
모쪼록 이 책을 읽는 이들마다 새 역사 창조하고, 성령의 역사하심으로 생명 살리는 설교를 할 수 있기를 기도한다.
주 예수 그리스도의 은혜와 하나님의 사랑과 성령님의 감동으로 축복하면서...

2014년 10월 29일. 목사 **신종구**

••• 50여년 한 교회를 섬기면서...

지금도 새벽 3시에 기도하러 예배당에 나가면,
교회와 나라, 그리고 한국교회를 위해 기도하고 나 자신의 남은 여생이 주의 영광을 위해 살게 해달라 기도한다.
오전 4:45이 되면 기도가 마친다.
교인들은 4:30부터 들어오기 시작한다.
전 교인을 위해 열심히 기도한다.

주님, 제게 하나님의 신에 감동된 삶을 살게 해 주시옵소서.
교회를 위해서 기도합니다. 유초등부, 학생부, 청년부, 장년부, 당회, 남녀전도회, 구역회를 축복하여 주셔서 크게 흥왕케 하시옵소서.
어린 심령에 그리스도를 심어줄 수 있게 하시옵고, 학생들에게 믿음을 주시고, 진학의 길을 열어주시옵소서. 청년들에게 좋은 직업, 사업 주시어서, 하나님의 교회에 충성하는 사람들이 되게 도와주시옵고. 장년부에게 믿음의 부요와 물질의 부요도 주시옵고, 노년부에게 주님 만날 신앙 준비가 이루어지게 해 주시옵소서. 예루살렘 교회처럼 전혀 기도하기에 힘쓰므로 성령 충만함을 주시고 전혀 기도하기를 힘쓰므로 날마다 사랑을 더하게 하시며, 전혀 기도하기를 힘쓰므로 놀라운 역사가 일어나는 교회가 되게 해 주시옵소서. 안디옥 교회처럼 성령의 지시를 받아 살아가는 교회가 되게 도와주시옵소서. 바나바와 같고 바울과 같고 성령 충만한 베드로 같은 목사님들이 되어서 3천명, 5천명 회개의 역사가 일어나게 해 주시옵소서. 아버지, 서머나교회처럼 죽도록 충성하는 교회가 되고, 빌라델비아 교회처럼 적은 능력 가지고도 말씀 능력 행할 수 있는 은혜를 부어주시옵소서. 주 예수님의 은혜가 어려운 자들에게 임하게 하여 주시옵소서.

아멘! 주 예수여 오시옵소서! 하고 등과 기름을 예비하는 성도가 되게 해 주시고, 맡겨주신 달란트를 갑절로 감당하게 하시고, 주린 자에게 먹여 주시고, 목마른 자에게 마시게 해 주시옵소서. 벗은 자는 입혀주시고, 옥에 갇힌 자들은 돌아보는 아버지 우편에 설 수 있는 신앙생활을 할 수 있도록 도와주시옵소서.

아버지 하나님이여! 우리의 예배가 신령과 진정으로 드려지는 예배가 되게 해 주시옵소서. 아벨의 제물이 되게 해 주시옵소서. 에녹처럼 주님과 동행하는 삶이 되길 원합니다. 아브라함처럼 하나님과 동행할 때에 복의 근원이 되었고, 야곱은 하나님과 동행할 때 가는 곳마다 하나님 나라 축복받았고, 요셉과 동행할 때 형통한 복을 누렸고, 다윗과 동행할 때 골리앗을 이겨냈으며, 잔이 넘치는 삶을 살았습니다. 제물과 소산물의 처음 익은 열매를 드려 여호와를 공경하는 자가 되게 해 주시고, 창고가 가득하고 그릇에 새 포도주가 넘치는 성도들이 되게 도와주시옵소서.

아버지 하나님이여! 돌아보아 주시옵소서. 무릇 경건치 않는 자는 주님 만날 기회를 얻을 수 없다고 했으니 요셉과 같이 신에 감동된 삶을 살고, 사무엘 같이 경건하여 주의 음성을 듣게 하시고, 다니엘처럼 경건하여 사자굴에 들어가도 함께 해 주시고, 하나냐, 아사엘, 미사랴와 같이 경건함으로 풀무불에 들어가도 함께 하신 주님이 우리와 함께 하여 주시옵기를 간절히 원하옵나이다.

예루살렘의 안나와 시므온은 경건하여 이스라엘의 위로를 기다리는 자들이었는데 성령이 그와 함께 하시어 메시야를 만나기 전에는 죽지 아니하리라는 예언의 말씀따라 메시야를 만났습니다. 그리고 예수를 증거했습니다.

성전을 떠나지 아니하고 주야에 금식하며 기도하며 받들어 섬기는 성도들이 되게 도와 주시옵기를 간절히 간절히 원하옵나이다. 백부장 고넬료처럼 그 사람이 경건하여 온 집과 더불어 하나님을 경외하고 백성을 많이 구제하고, 항상 기도하는 신앙생활이 이루어질 수 있도록 도와주시옵소서.

또 원하옵기는 돌아보아 주시옵소서. 아버지 하나님이여 불쌍히 여겨 주시옵소서. 노아를 선택하시고 방주를 지어 긍휼을 얻고 헛된 바벨탑을 쌓았고, 롯의 처는 구출받고도 뒤돌아보아 소금 기둥이 되었습니다.

아브라함을 선택하신 하나님, 우리에게도 아브라함의 믿음을 주시고, 아브라함의 축복을 우리도 받고 살게 해 주시옵소서. 이삭은 제단에 바쳐지므로 농사 짓는 것의 100배나 얻고, 땅을 파면 생수가 솟는 축복을 받았는데, 우리 성도들에게도 그러한 축복이 임하게 해 주시옵소서.

아버지 하나님 돌아보아 주시옵소서. 야곱에게 가는 곳마다 축복해주신 주님, 성도들의 가는 곳마다 하는 일마다 축복받고 살게 해 주시옵소서. 또 요셉같이 백성들에게 영육의 양식을 공급해주는 자가 되게 해 주시옵시고, 모세를 선택하시어 이스라엘을 출애굽하신 것처럼 우리에게도 영적인 막대기를 주셔서 승리하는 삶을 살게 해 주시옵소서. 홍해가 가로막을 때 길을 내어 주시고, 마라의 쓴물을 만날 때 단물로 바꿔주시고, 구름기둥과 불기둥으로 인도해 주시고, 만나와 생수로 광야의 식탁이 풍성하게 해 주시옵소서. 아말렉이 가로막을 때 손들고 기도함으로 승리하는 삶을 살게 해 주시옵소서. 여호수아와 갈렙처럼 변함 없는 믿음을 주시고, 요단강이 가로막을 때 길을 내어 주시고, 여리고가 가로막을 때 무너지게 하시고, 가나안 7족속을 이겨낼 수 있는 능력을 주시옵소서. 나태와 교만과 혈기가 없고, 욕심과 자기 중심과 이기주의를 이겨낼 수 있는 능력을 부어 주시옵소서. 한나와 같은 기도의 사람들을 일으켜주시고, 사무엘과 같이 기도하기를 쉬는 죄를 범하지 않게 해 주시옵소서. 다윗처럼 여호와를 나의 목자로 섬기며 푸른 초장, 쉴만한 물가로 인도받게 하시고, 솔로몬처럼 성전을 건축하여 넘치는 축복을 받게 해 주시옵소서. 엘리야처럼 제단에 불을 붙이고 축복의 단비를 쏟아부을 수 있는 능력있는 기도생활을 하게 도와주시옵소서. 엘리사처럼 성령을 갑절이나 받아 제단 숯불로 정결케 되는 역사가 있게 해 주시옵소서.

아버지 하나님이여. 원하옵기는 돌아보아 주시옵소서. 모세처럼 떨기나무에서 하나님의 부름을 받고 하나님의 음성을 듣고 사명을 받는 삶을 살게 해 주시옵소서. 예레미야처럼 부스고 파하며 재건할 수 있게 해 주시옵소서. 아브라함을 우상종교에서 유일신 종교로 재건하신 것처럼, 바울을 율법주의에서 복음주의로 재건하시고, 모세를 민족주의에서 신앙주의로 재건하신 것처럼, 불순종의 요나를 전도자로 재건해 주시고, 세 번이나 부인하고 저주하고 맹세했던 베드로를 갈릴리 바닷가에서 예수님 사랑을 재건하게 하시고, 간음죄를 짓고 살인죄를 지었던 다윗에게 나단 선지자를 보내어 신앙 재건을 하게 하신 하나님, 우리에게도 신앙의 재건이 온전히 이루어질 수 있도록 도와주시옵기를 간절히 원하옵고 바라옵나이다.

에스겔처럼 이상세계를 바라보고 성전 문지방 밑에서부터 은혜를 입고 생명 강수로 소성함을 얻고 살게 해 주시옵소서.

아버지 하나님이여 돌아보아 주시옵소서. 다니엘처럼 불퇴전의 기도생활이 이어지고, 하나냐, 아사엘, 미사랴처럼 변함없는 믿음을 우리에게 주시옵소서.

백부장 고넬료처럼 온 집과 더불어 하나님을 경외하고 시공을 초월하는 믿음을 우리에게 주시옵소서. 마리아처럼 옥합을 깨고 다 바치고 다 드리는 생활을 하게 도와주시옵소서.

총회와 노회와 신학교와 교회들이 큰 부흥의 역사가 일어나게 해 주시옵소서.

나라를 위해 기도합니다. 부정, 부패, 도적, 대적, 사치, 연락, 방탕, 음란, 술취함, 폭력과 우상숭배가 가득한 이 나라가 민족적인 회개운동이 일어나게 도와주시옵시고, 남북한이 십자가 밑에서 통일되는 역사가 일어나게 도와주시고, 5천여 교회가 교회다워지고 30만 목회자들의 신앙 재건이 이루어지는 나라가 되게 해 주시옵소서.

"나의 달려갈 길과 주 예수께 받은 사명 곧 하나님의 은혜의 복음 증거하는 일을 마치려 함에는 나의 생명을 조금도 귀한 것으로 여기지 아니하리라"는 바울의 고백이 나의 고백이 되게 해 주시옵고, 또 원하옵기는 나의 몸이 연약합니다. 발이 저리고, 손끝이 저려옵니다. 무릎이 아프고 허리가 아프고, 어지럽고 가슴이 뻐근하니 주께서 치유하여 주시고, 남은 여생은 주님을 위해 더 큰 봉사를 할 수 있도록 능력을 부어주시고, 기도의 능력을 주시고 말씀의 능력을 주시기를 간절히 원하옵나이다. 또 원하옵기는 성령 충만함을 주셔서 영적으로 건강하게 하시고, 내게 능력 주셔서 육적으로도 건강하게 하셔서. 만나는 사람마다 영육에 유익을 줄 수 있게 하시고 하나님의 교회를 섬기기에 부족함이 없는 능력을 부어주시옵소서.

살든지 죽든지 내 몸에서 그리스도가 존귀하게 해 주시고, 먹든지 마시든지 무엇을 하든지 다 주의 영광을 위해 하게 해 주시옵소서.

주 통하면 나 통하고 주 정하면 나 정하는 믿음의 자리에 세워지게 해 주시고, 남은 여생을 주님께 맡기오니 주께서 인도하여 주시고, 그의 나라에 들어갈 수 있는 신앙의 준비가 이루어지게 해 주시옵소서.

온 성도들의 가정에 믿음의 부요와 물질의 부요를 주시고, 평안함도 주시고, 불신 가족들이 함께 믿어 구원받게 하시고, 모두 전도자가 되어 복음 증거하는 역사가 일어나게 해 주시기를 간절히 바라옵나이다.

50년 한 교회를 섬겼다.

5만 5천 교회가 교회다워지고,
30만 목회자들의 신앙 재건이 이루어지게 해달라는 것이 내 기도의 제목이다.

베토벤의 환희의 송가(베토벤 Symphony No. 9)는 베토벤 예술의 최고 절정을 이루고 있으며 고금의 교향곡 중에서 가장 뛰어난 걸작품의 하나이다.

이 곡을 작곡할 때 베토벤은 완전히 귀머거리가 되어 음향의 세계와 단절된 상태에서 무한한 고통과 싸워야 했고, 육체적인 건강의 악화와 가난 때문에 그의 생활은 말이 아니었다.

그러한 환경에서 그는 고뇌를 통한 환희를 음(音)으로 표현했고, 영원한 노래로 남겼다. 그는 예술에 의해 인간의 고생을 극복했으며, 역경에 놓일수록 그것을 이겨나가는 초인적인 힘을 발휘했다.

전 곡은 4개 악장으로 되어 있는데 비극과 싸워 이긴 생애를 회고하는 극적인 제 1악장, 제 2악장에 있어서의 정화(淨化)된 거인적(巨人的)인 해학, 제 3악장 아다지오의 동경이나 희망, 그리고 마지막 악장에서는 "쉴러의 송가 〈환희에 부침〉"을 합창으로 엮어 덧붙였다.

천상(天上)의 노래를 방불케 하는 이 곡은 19세기 말에 독일의 한 송년 자선 음악회에서 불려진 이래로 송년 음악회에 빠지지 않는 레퍼토리가 되었다.

신앙의 힘으로 무한한 고통과 싸우며 고난을 극복하고 역경을 이겨냈다. 우리 교회 믿음의 선진들도 피흘리기까지 신앙의 지조를 지키며, 상록수 신앙을 고수하였다. 시대가 바뀌고, 급속도로 발전해나간다 해도, 우리가 믿는 진리는 여전히 항상 그 자리, 그 곳에서 우리를 기다리고 있다.

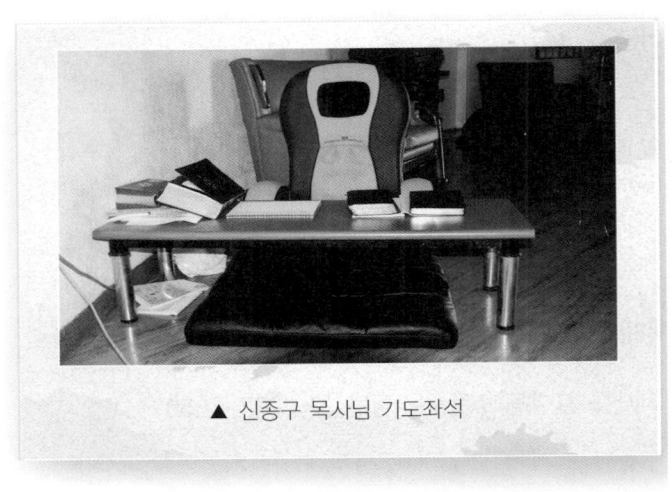

▲ 신종구 목사님 기도좌석

●●● 차 례

프롤로그 _ 5
50여년 한 교회를 섬기면서... _ 8

| 제 1 장 |
회개하라! 무너진 성벽 재건하라! _ 21

1. 조선 예수교 장로회 총회 임원들의 신사참배 _ 24
2. 일제의 교파합동 획책 _ 25
3. 기독교계의 부일협력 _ 25
4. 1944. 6 총독 발표문 10개 조항 _ 27
5. 교회의 훼절과 부일 행각-신사참배 결의와 일제화 교회 _ 29

| 제 2 장 |
내 인생 어떻게 살 것인가?(고전 14:40) _ 41

1. 세상에서 가장 소중한 만남 _ 43
2. 인생이란? _ 44
3. 천국 가는 길의 시야를 확보하라 _ 45
4. 물 같은 삶을 살아라! _ 46
5. 인생의 5수(守) 원칙 _ 49
6. 비전 속에 전진하는 인생 _ 50

| 제 3 장 |
다음 세대를 준비하는 교회(애 2:11~19) _ 53

1. 다음 세대를 열 사람이 눈물을 강물같이 흘리며 _ 56

2. 다음 세대의 영적 실상을 직시해야 한다.(14절) _ 57
3. 영적 생활의 본질이 무엇인가? _58
4. 다음 세대의 영적 실상을 바로 알아야 한다.(11, 12절) _ 60
5. 다음 세대의 회복을 위해 기도해야 한다. _ 61
6. 다음 세대는 하나님께서 세워야 한다.(딤후 3:14~4:5) _ 62
7. 결론 _64

| 제 4 장 |
미래를 열어가는 사람(창 37:5~11) _ 67

1. 미래를 닫아가는 사람 _ 69
2. 미래를 여는 사람은 꿈을 꾸는 사람이다 _ 70
3. 미래를 준비하는 사람이 열어간다 _ 70
4. 우리는 현재와 미래와 과거의 틈바구니 속에서 살아가고 있다.(전 3:1~12) _ 71
5. 현재는 미래를 심는 것이다. _ 75
6. 미래를 창조하고 열어갈 사람 _ 77
7. 미래의 교회와 미래 교회의 역할 _79
8. 게으른 자여, 개미에게 가서 그가 하는 것을 보고 지혜를 얻으라 _ 80

| 제 5 장 |
교회다운 교회(행 2:46~47) _ 83

1. 전혀 기도하기를 힘쓰므로 _ 85
2. 하나님을 찬미하는 교회가 교회다운 교회이다. _ 85
3. 교회다운 교회는 모이기를 힘쓰는 교회이다.(46절) _ 86
4. 백성들의 칭송을 받는 교회가 교회다운 교회이다.(47절) _ 86
5. 신령한 제사를 드리는 거룩한 제사장이 되라. _ 88
6. 텅 빈 마음에 그리스도를 채우는 삶을 살자. _ 89
7. 삶으로 나타나는 교회가 교회다운 교회이다. _ 90

| 제 6 장 |
하나님이 요구하시는 것들(신 10:12~13) _ 93

1. 하나님을 경외하기를 원하신다. _ 95
2. 하나님 사랑하기를 원하신다. _ 97
3. 하나님을 섬기기를 원하신다.(12절) _ 99
4. 하나님의 명령과 규례를 지키는 자가 되기를 원하신다.(13절) _ 102
5. 하나님께 서원한 것 갚으라. _ 104
6. 하나님이 원하시는 것은 예물을 드리는 것이다. _ 104
7. 하나님의 성물, 첫 열매를 원하신다. _ 105
8. 성령을 근심케 하지 말라. _ 106
9. 우리 심령 성전에 도비야를 정리하자. _ 107

| 제 7 장 |
인생의 밤을 만날 때(행 16:6~10) _ 109

1. 밤이 없는 아침은 없다. _ 112
2. 밤이 오면 새 아침이 온다. _ 113
3. 인생의 밤을 지나려면 예수님을 만나야 한다. _ 114
4. 밤에 성전에 서 있는 하나님의 종들아 _ 118
5. 인생의 밤에 찾아오시는 주님 _ 120
6. 인생의 위기와 밤을 극복하는 방법 _ 122
7. 인생의 밤이 지나고 새 사람 답게 살아가자. _ 123

| 제 8 장 |
닭은 우는데 무감각(눅 22:60~62) _ 125

1. 유럽 신앙인들이 닭은 우는데 이성적인 신앙으로 살았다. _ 127
2. 현실을 직시해야 한다. _ 128
3. 닭이 울 때 뜬 돌의 시대가 다가왔다. _ 128
4. 영적 위기에 신앙 경성해야 한다. _ 129
5. 지혜로운 신앙생활을 다 빼앗겨 버렸다. _ 131

| 제 9 장 |
지렁이 같은 야곱아(사 41:14) _ 133

1. 지렁이 같은 야곱 _ 135
2. 인생은 역전해야 한다. _ 135
3. 기도의 사람이었다. _ 136
4. 하나님의 경고는 20년 전 기도를 기억하고 함께 하셨다. _ 137
5. 브엘세바의 사막을 가로질러 희생의 단을 쌓고 야곱이 기쁜 소식을
   듣고 단을 쌓았다. _ 139
6. 다니엘은 기도할 때에 가브리엘 천사가 응답을 가지고 내려왔다. _ 140

| 제 10 장 |
아담아, 네가 어디 있느냐?(창 3:9) _ 146

1. 무딘 감각을 깨우치는 말씀 _ 146
2. 죄를 감지하게 하는 말씀 _ 147
3. 잃은 양을 찾으시는 하나님의 사랑이다. _ 147

| 제 11 장 |
하나님 마음에 합한 인물(人物)(행 13:13~22; 왕상 9:4) _ 149

1. 마음이 온전한 사람 _ 153
2. 바른 마음의 사람 _ 155
3. 하나님 앞에서 행하는 사람 _ 156
4. 명령에 순종하는 사람 _ 158

| 제 12 장 |
위대한 경주는 푯대를 향한다!(빌 3:12~14) _ 161

1. 위대한 경주자는 큰 상을 얻는다. _ 164
2. 높은 목표를 향해서 경주하는 사람 _ 165

3. 앞으로 가려면 뒤의 것을 잊어야 한다. _ 169

| 제 13 장 |
에녹의 신앙을 본받자!(창 5:18~26; 히 11:5) _ 169

1. 하나님께 인정받는 신앙인 _ 171
2. 인정받는 신앙생활의 내용 _ 172
3. 인정받는 에녹, 승천했다. _ 175

| 제 14 장 |
교회의 사명(눅 3:7~20) _ 177

1. 혁신적인 회개의 사명 _ 180
2. 정화할 사명 _ 181
3. 복음 전파의 사명 _ 182

| 제 15 장 |
기독자의 삶(골 3:12~17) _ 185

1. 용서의 삶 _ 187
2. 사랑의 삶이라야 한다. _ 188
3. 평화의 생활 _ 190
4. 찬미의 생활 _ 191

| 제 16 장 |
내가 여기 있사오니 나를 보내소서!(사 6:1~6) _ 193

1. 시대적 배경 _ 196
2. 감동적인 은혜를 받은 이유 _ 198
3. 은혜받은 사명 _ 201

| 제 17 장 |
광야에서 들리는 고함소리(요 1:19~34) _ 203

1. 고함소리의 정체 _ 207
2. 고함소리의 내용 _ 208
3. 고함소리와 나의 관계 _ 210

| 제 18 장 |
너희는 세상의 소금이라!(마 5:13~16) _ 213

1. 부패 방지하는 소금 _ 218
2. 청결케 하는데 사용된다. _ 219
3. 맛을 내는 소금 _ 219

| 제 19 장 |
인생이 광야를 지날 때(창 39:1~6) _ 223

1. 하나님과 함께 하심으로 지나야 한다. _ 225
2. 말씀 중심으로 살아야 한다. _ 228
3. 분명한 목표가 있어야 한다. _ 228
4. 인생의 광야 길에 무엇을 물려주겠는가? _ 229
5. 신앙의 길잡이가 되어야 한다. _ 229
6. 광야 길. 구별된 삶 _ 230

| 제 20 장 |
힘써 싸우라!(유 1:3~6) _ 233

1. 그리스도인이 힘쓸 것 _ 235
2. 싸우라! _ 237
3. 하나님 나라를 이루는 길 _ 238

| 제 21 장 |
나를 위한 하나님의 계획(롬 8:28~30) _ 241

1. 힘써야 하나님의 계획 알 수 있다. _ 244
2. 말씀에 순종하는 사람이 알 수 있다. _ 245
3. 사명 감당해야 하나님의 계획을 알 수 있다. _ 246
4. 기도가 하나님의 계획을 아는 길이다. _ 246

| 제 22 장 |
초대교회의 부흥(행 2:42~47) _ 249

1. 모이는 부흥이 일어나야 한다. _ 251
2. 기도의 부흥이 일어나야 한다. _ 252
3. 말씀의 부흥이 일어나야 한다. _ 255

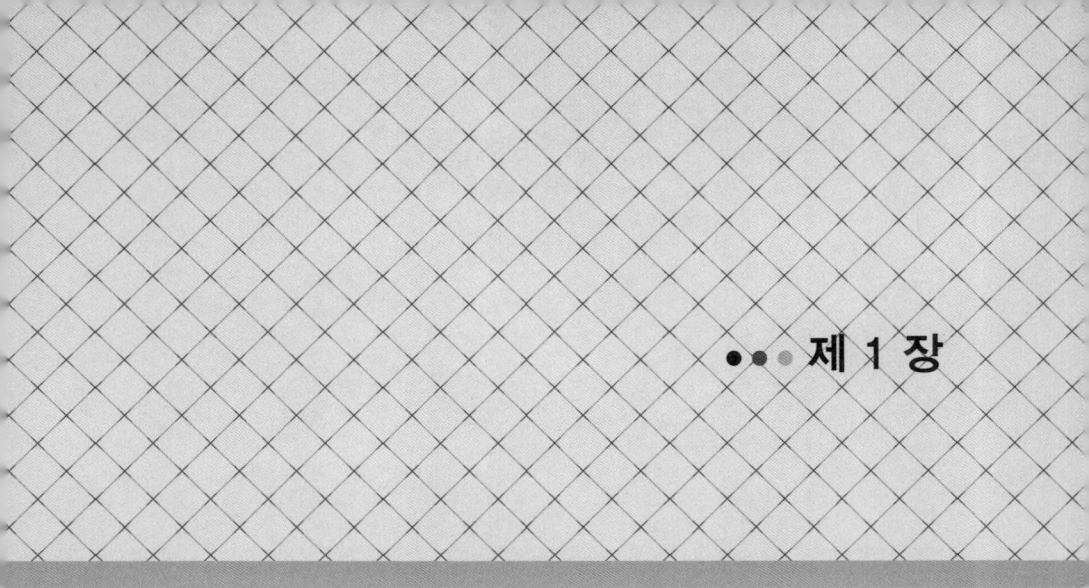

••• 제 1 장

회개하라!
무너진 성벽 재건하라!

●●● 제 1 장

회개하라! 무너진 성벽 재건하라!

1. 조선예수교장로회 총회 임원들의 신사참배
2. 일제의 교파합동 획책
3. 기독교계의 부일협력
4. 1944. 6. 총독 발표문 10개 조항
5. 교회의 훼절과 부일 행각-신사참배 결의와 일제화 교회

●●● 제 1 장
회개하라! 무너진 성벽 재건하라!

1938년 2월 평북노회는 신사참배를 결의했다. (한국에서 가장 강력한 장로교 노회로서 교권의 중심지였던 평북노회가 노회들 가운데 가장 먼저 신사참배에 굴복했다는 것은 시사하는 바가 크다. 서북교권은 훗날 남한에서 그 힘을 다시 행사한다.)

1938년 5월 '경성기독교연합회'가 조직되었고, 7월에 '조선기독교연합회'로 확대 개편하면서 일본적 기독교를 표방

▲ 최덕지 목사

하게 된다. 9월에는 한국교회의 정통성있는 연합기구였던 '조선기독교연합공의회'(NCC)가 해체된다. 이것은 연합기구에서 선교사들을 배제하고 친일화된 연합기구가 탄생되었음을 의미한다.

1938년 9월 9일 제27회 장로회 총회가 평양 서문밖교회에서 개최됐다. 총회 총대는 188명, 그들이 지방에서 올라올 때 형사들이 동행했으며 신사참배 문제를 가결하기로 서명하고 평양역에서 하차할 수 있었다.

총회 개회시간이 되었지만 총대석에는 지방 경찰들이 총대를 끼고 앉아 있었고 방청은 일절 금지되었다. 평안남도 경찰국은 이미 평양, 평서, 안주 세 노회장을 불러 지시하기를 "평양 노회장은 신사참배하는 것을 제안

▲ 총회에 동행한 형사들   ▲ 조선예수교장로회 총회 임원들의 신사참배

하고, 평서 노회장은 동의하고, 안주 노회장은 재청하라." 지시 해 놓은 상태였다.

총회가 개회되고 임원 선거가 끝난 후 평양, 평서, 안주 세 노회대표 박응률 목사로부터 신사참배 결의 제안을 받아 가결한 후 성명서가 발표된다.

1. 조선예수교장로회 총회 임원들의 신사참배

"아등은 신사는 종교가 아니요 기독교의 교리에 위배되지 않는 본의를 이해하고 신사참배가 애국적 국가의식임을 자각하며 또 이에 신사참배를 솔선 수행하고 특히 국가 정신 총동원에 참가하여 비상시국 하에서 국민으로서의 정성을 다하기로 기함."

이때 총회장 홍택기 목사는 가부를 물을 때 '가'는 묻고 '부'는 묻지도 않고 가결을 선포하였는데 이것은 평남경찰국장의 지시대로 한 것이다.
이때 선교사 중 블레어 목사가 "회장, 불법이오"라고 이의를 제기하였으나 총회장은 묵살시켰고, 헌트 목사는 "회장, 불법이오, 가결되지 않았소. 부를 물으시오" 한다. 이때 총대 중 이승길 씨는 "선교사 형님들은 말하지 말고 자리에 앉으시오" 했고 헌트 목사는 "나는 선교사로 말하는 것이 아니오"라고 하였지만 총회 장소에서 개 끌려 나가듯이 형사들에 의해

문 밖으로 끌려 나간다.

결국 제27회 장로회 총회는 평양, 평서, 안주 3노회의 연합대표인 박응률 목사(평양노회장)가 제안한 신사참배 결의 및 성명서 발표의 건을 채용한다.

하지만 신사참배 결의가 제국 권력의 강압에 의한 것만은 아닌 듯 보인다. 총회의 신사참배 결의 이전에 23개 노회 중에서 17개 노회가 독자적으로 신사참배를 결의하고 실행하고 있었으며, 박응률 목사로 대표되는 평남지역 3노회는 신사참배 결의를 주도하는 대가로 그들이 평양에 새로운 신학교를 설립하는 것을 일제가 허용해 줄 것을 요청함에 따라 신사참배 결의를 치밀하게 준비한 것으로 보인다.("長老會總會에 臨하야 平壤神學校問題에 一言을 呈함", 〈기독신문〉 1938.9.8).

그리고 신사참배 결의 이전부터 장로교는 국가의 목적을 위해 국민을 설득하는 교화단체의 역할을 하고 있었다(박용권, 〈국가주의에 굴복한 1930년대 조선예수교장로회의 역사〉, 그리심, 2008, 400-425쪽).

한경직 목사는 신사참배를 결의한 1938년 제27회 총회에 의산노회의 대

▲ 신사참배 결의 가결하고 성명서 발표

▲ 한경직 목사, 템플턴상 수상

표로 참석했다.(조선야소교장로회총회 제27회 회록, 3쪽). 그것도 신사참배가 결의될 것을 충분히 인지한 상태에서 말이다.(박용권, 〈국가주의에 굴복한 1930년대 조선예수교장로회의 역사〉, 그리심, 2008, 400-425쪽)

2. 일제의 교파합동 획책

교파별 일본기독교로 예속 · 해산 · 통합
1943년 5월 장로교회는 일본기독교 조선장로교단으로
1943년 8월 감리교회는 일본기독교 조선감리교단으로 예속
1943년 안식교는 해산(12.28) 되었고, 성결교회도 자진 해산(12.29)의 형식으로 해산되었다.
1945년 7월 19일 '일본기독교조선교단' 으로 흡수 통합되었다.

3. 기독교계의 부일협력

(1) 1938. 6~7 기독교단체들 일본단체에 예속 (YMCA, YWCA, 조선

주일학교연합회 등)

(2) 장로교의 부일협력: 1939년 국민정신총동원 조선예수교 장로회 연맹 사업 보고—타 교파와 부일경쟁

우리 장로교 교우들이 다른 종교 단체보다 먼저 시국을 철저히 인식하고 성의껏 각자의 역량을 다하여 전승, 무운장구 기도, 전사병 위문금, 휼병금, 국방헌금, 전상자 위문, 유족 위문 등을 사적으로 공동 단체적으로 활동한 성적은 이하에 숫자로 표시되었습니다. … 애국반원들의 활동의 소식을 들을 때 … 이만하면 하는 기쁨을 가지게 되었습니다.(정인과 목사의 보고)

1940. 10.20. 애국주일예배 실시 "국방헌금"
1940. 12. 국민정신총동원 장로교연맹 해체 "국민총력연맹" 결성
1941. 8.14. 총회 중앙상치위원회는 "전시체제실천성명서"를 발표－애국기 헌납, 금속품 공출, 폐품회수, 조선장로교도 애국기헌납기성회 조직

▲ 조선 야소교 대표 성지참배 기념사진

1942.2.10 애국기 1대와 기관총 7정 자금 15만 317원 50전을 헌납-일본해군성은 비행기 이름을 "조선장로호"로 명명

1941.10.30.-11.1. 72명의 노회대표들 신궁터를 청소

1942. 4~5월, 교회의 종 헌납 공문발송/ 11월 현재 1,540개 교회종헌납

1942. 찬송가 가사 개정. 삭제

1942. 11. 23-29. 김응순(총회장), 김종대(서기)는 메이지 신궁, 야스쿠니 신사, 이세신궁참배

1943. 5. 일본기독교 조선장로교단 설립

일본기독교 조선장로교단 설립 임원 및 교구장들(45.5.7)

1943. 8. 채필근 통리사의 "결전태세 확립방책" 공문- 9월부터 주일오전 집회만 허용

1944.1.12. 평북노회장 김진수의 공문-제2차 애국기 헌납기금 모집의 건/ 징병제 실시에 따른 국민태세를 정비하는 운동에 관한 건

1944. 7.19. 일본기독교조선교단 통합

일본기독교조선감리교단 평안교구 목사 근로보국대 (44.5.10)

4. 1944. 6. 총독 발표문 10개 조항

구약사용 금지, 신약에서 재림과 최후심판은 삭제(천황모독)

교회를 병합하여 한 지역에 한 개 교회만 둔다.

모든 교회 안에 작은 신사를 설치, 天照大神之宮 푯말 부착

교회 지도자들과 임원들은 모두 미소기하라이(淸淨)를 행할 것

교회 모임은 1주일에 한번 1시간 미만으로 행하고, 지역 경찰서의 사전 허락을 받을 것

일요일에도 평상시와 같이 사업과 모든 일을 지속할 것

그리스도인들은 신사참배에 지도 역할을 한다.

복음 설교자는 총독부로부터 허락을 맡은 자로 제한한다.

▲ 일본기독교조선감리교단 평안교구 목사 근로보국대 (44.5.10)

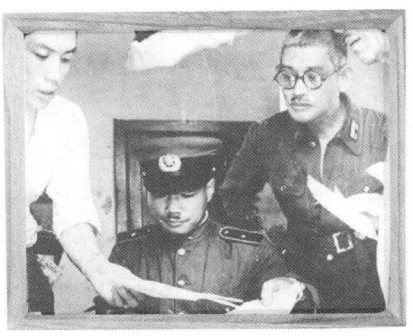
▲ 신사참배 지시

서구식 교회 건물은 일본식 건축 양식으로 개조한다.
한국인 교회는 항상 일본 기독교회와 긴밀한 관계를 유지한다.

1942년 5월 8일 육밀 제1147호 "조선에 징병제 시행 준비의 건"이 발표되었다. 이 발표를 했을 때 친일파들은 일제히 환영을 하고 나섰다. 윤치호, 최린, 박춘금, 백락준, 배상명, 현제명 등은 대대적으로 환영하였던 것이다. 일반인들만 환영한 것이 아니라 기독교인까지 환영을 하여 세인을 탄식케 하였다.

1942년 5월 11일 저녁, 기독교 대표들은 "징병제 시행감사 전 경성 신도대회"를 열었다. 국민의례를 마치고 화곡춘수 감독의 개회사에 뒤이어 전필순 목사로부터 징병제 시행에 대한 감사와 아울러 이날 밤 장내의 감격이 동포에 전하여지기를 기도한 후… 총독과 일본 수상 이하 관계 당국에 감사문을 타전할 것을 결의하였다.

1942년 10월 서문밖교회에서 모인 조선예수교장로회 31회 총회에서 교회 종 헌납이 1,540개였다. 다른 교단 것까지 합해서 2,500여 개를 헌납하여 교회는 군수물자 지원부대가 되었다. 감리교는 교회를 매각하여 군납 헌금도 하였다.

1942년 7월 1일 조선예수교장로회 총회는 일본군 환자용 자동차 2대를 헌납하였다. 그리고 조선 장로호라는 해군 비행기와 육군 비행기를 미군과 싸워 이겨달라고 헌납하였으며 그들은 1942년 11월 17일 용산역 연병장 헌납식에서 기독교 예배가 아니라 일본의 신도의식으로 거행하였다.

1944년 2월 2일 기독교신보 사설에서 "미·영을 토벌하기 위하여 하루라도 빨리 일선에 비행기를 보내자"라고 외쳤다.

1942년 12월 김활란은 〈신시대〉에 "징병제와 반도여성의 각오"라는 글을 썼다. "이제야 기다리고 기다리던 징병제라는 커다란 감격이 왔다. 반도여성은 웃음으로 내 아들과 남편을 전장으로 보내야 한다."라고 하면서 전시 동원에 적극 협력하라고 외쳤다.

1941년 12월 모윤숙은 일본군의 진주만 기습 직후 조선 임전 보국단이라는 친일 어용단체 주최로 열린 강연회에서 "우리들 여성의 머릿속에 대화 혼이 없고 보면 이 위대한 승리의 역사는 이루어질 수 없는 것"이라고 권장하였다.

김동환, 노천명, 김동인, 주요한, 김상용, 서정주, 장덕조, 김소운 등은 일본을 대대적으로 찬양하였다.

1941년 12월 20일 반도호텔에서 미·영 타도 좌담회가 박희도 목사의 사회로 15명이 참석하여 7시간 동안 개최되었다.

1939년 박희도는 동양지광을 창간하고 권두언에서 "반도 2천만 동포는 일본정신으로 철저히 무장하고 황도를 앙양해야 한다. 또한 폐하의 적자로서 황국 일본의… 현재의 내지인 조선인이라는 호칭이 단순한 지방적 호칭이 될 수 있도록 해야 한다."라고 하였다. 그는 징병제가 실시되자 동방을 향해 엎드려 경배하며 "감격에 목이 메였다"라고 하였다.

▲ 조선예수교장로회 제27회 총회(1938) 임원 기념 사진. 앞줄 중앙이 홍택기, 그 우편이 김길창 목사이다.

채필근은 "국민정신 총동원이 필요한 이때 종교인들도 국가에 충성하지 않으면 안 된다. 이것이 이단이라고 말하는 자야 말로 도리어 이단이다"라고 단정하였다.

친일파인 그들은 신사참배를 반대한 분들에게 "유다 같은 사람이다"라고 매도하였다. 친일파들은 독립을 위해서 무엇을 하였는가. 감히 기독교는 얼굴조차 들 수 없는 형편이었다.

5. 교회의 훼절과 부일 행각—신사참배 결의와 일제화 교회

미소기바라이(신도침례, '천조대신보다 더 높은 신은 없다'고 고백)는 일본의 천황 혹은 일본을 위하여 죽은 애국자들의 영혼을 뜻한다. 일제시대 때 신사참배를 가결한 후에 평양에 만들어 놓은 천황신사에 가서 김길창을 중심으로 한 23명이 참배하였으며 그 후 일부는 한강이나 부산의 영도에서 미소기바라의 이름으로 세례를 받았다.

▲ 조선예수교자로회 목사들이 천조대신 외에는 참 하나님이 없다며 미소기 바라이를 행하는 모습

▲ 천조대신 외에는 참 하나님이 없다고 신앙고백 하며 미소기 바라이(신도침례)를 행하는 모습

신사참배에 대하여 한국 교회들은 일치된 행동을 보이지 못 하였다. 반대론이 있었는가 하면 일본의 주장을 문자 그대로 받아들이는 교회들도 있었다.

각기 시기의 차이는 있었지만 천주교, 감리교, 안식교, 성결교, 구세군, 성공회 등 교파들이 줄줄이 일제에 굴복하여 신사참배에 응했다. 1936년 감리교회에서는 양주삼 총리사가 총독부 초청 좌담회에 참여 후 신사참배가 종교의식이 아니고 국민의례라는 일본의 설명을 그대로 따르기로 하였다. 그래서 대부분의 감리교 교회들이 신사참배를 하고 감리교 계통의 학교들이 해방될 때까지 그대로 존속할 수 있었으며 교회의 수난도 가벼웠다. 감리교의 제3차 연회(1938. 10. 5-13)가 모였을 때 미나미(南次郞) 총독이 참석하여 축사까지 할 정도였고, 총리사 양주삼 박사는 내선일체를 강조하기까지 하였다.

장로교의 경우는 그 양상이 달랐다. 1931년 9월, 경남 노회에서 신사참배 반대 결의안이 통과되었다. 신사참배 강요가 계속되자 장로교 선교사들은 선교 실행 위원회를 1936년 초에 소집하고 미션 학교의 폐쇄를 원칙으로 정하며, 그해 10월의 실행 위원회에서는 1938년까지 평양 내외의

▲ 조선예수교장로회 제27회 총회(1938) 임원 기념 사진. 앞줄 중앙이 홍택기, 그 우편이 김길창 목사이다.

학교 폐쇄를 단행하였고, 본국의 승인도 얻었다. 이런 장로교회가 신사참배 강요의 고통을 겪다가 1938년 제27회 총회에서 강압에 의하여 불법적으로 참배 결의를 하는 비극을 초래하게 되었다.

1938년 전국적으로 노회가 모이기 시작하자 일본은 조직적으로 파괴 공작을 하기 시작하고, 반대자들에 대한 검속이 일어났다. 이런 험악한 가운데 1938년 9월 9일. 평양 서문밖 교회에서 제27회 총회가 회집되었던 것이다. 일본 경찰 97명이 193명의 총대들 사이에 끼어 앉아 회의를 감시하는 가운데 다음 날, 오전 10시 일제의 각본대로 박응률 목사가 신사참배는 국민의례이니 국민의 당연한 의무로 여겨 참배 결의와 성명서 발표 제안을 하였다. 이에 회장 홍택기 목사는 가(可)만 묻고 부를 묻지 않은 채 가결을 선포하였다. 그러자 방위량 선교사와 한부신 선교사가 결의의 불법을 외치자 일본 경찰들은 폭력으로 밖으로 끌어냈다. 총회 폐회 후 부회장 〈김길창 목사〉가 각 노회장들을 인솔하고 평양 신사에 가서 참배하였다. 한국 교회의 신앙적 지조가 무너지는 순간이었다.

신사참배를 결의하자 선교회에서는 평양신학교 제2학기 개강을 무기 연기하였다. 제3학년 1학기 수강자들에게 대하여는 통신으로 수업하여 1939년 3월 28일부로 졸업증서를 우편으로 보내었다. 이것이 선교사들의 마지막 신학교육이었다. 이 때의 졸업생은 52명이었다. 이렇게 선교사 운영의 평양신학교가 문을 닫았을 때, 서울에서 새로운 신학교 설립 기성회가 조직되었다. 1939년 9월 신의주에서 모였던 제28회 총회에서 조선신학원 설립 경영을 인준하였으며, 1940년 4월 19일 서울 인사동 승동교회 하층에서 개강을 보았다. 이 신학교의 설립 목적은 「본 신학원은 복음적 신앙에 기초하여 기독교 신학을 연구하여 충량유위의 황국의 기독교 교역자를 양성함을 목적한다」이었다. 역대 교장과 교수, 강사진을 보면 다음과 같다.

▶ 학원장: 김대현〔金大鉉〕, 윤인구〔尹仁駒〕, 김재준〔金在俊〕, 송창식〔宋昌植〕, 함태영〔咸台永〕, 김정준〔金正俊〕

▶ 교수, 강사: 윤인구, 김재준, 궁내창〔宮內彰〕, 이정로, 전필순, 현제명, 김창제, 갈홍기, 송본탁〈松本卓〉, 전성천, 유호준, 花村芳夫, 村岸淸彦, 박태준, 한경직, 정대위, 권태희, 공덕귀, 최윤관 (1945년까지).

이 신학원은 1943년 2월에 감리교 신학교와 합동 수업을 실시하였으나 5월에 분리하여 덕수교회에서 수업하게 되었고, 김재준 목사가 원장으로 취임하였다. 1945년 해방이 되자 군정청에 학교 인가를 제출하여 인가를 받고 김재준 목사가 신학교장으로 정식 취임하였다. 이것이 바로 자유주의 신학의 본산지인 오늘의 한신대학인 것이다.

일제는 기독교 계통의 기관들을 해산하고 일본 체제에 알맞게 변형시켜 나갔다. 선교사들은 아무리 총회의 결의가 있다고 하더라도 신사참배를 할 수가 없어 한국 교회에서 제명하고 개인 자격으로 전도하였다. 선교부 경영의 미션 스쿨은 공식적인 절차를 거쳐 한국인이나 일본 재단에 이양하기 시작하였고, 1939년에 그 작업이 마무리되었다. 연희 전문학교의 경영은 1941년까지 원한경 박사의 고집으로 유지되었으나 총독부 손에 넘어갔고, 이화여자전문학교는 1940년 10월에 경성여자전문학교로 변하고 말았다. 그러자 1940년 10월, 서울 주재 미국 공사 마쉬(Marsh)는 선교사의 완전 철수를 명령하였고, 이에 대부분이 철수하였다. 마지막으로 철수한 것은 원한경 박사인데, 1942년 6월에 부산을 떠났다.

1941년 12월 18일, 일본은 태평양전쟁을 일으켜 미국과 영국에 도전하였다. 이에 따라 교회 박해는 더욱 심해졌다. 미국식 교파 이름은 사용하지 못하게 하고 일본 식의 교단(敎團)이라는 말을 사용하게 하였으며, 여

▲ 신사참배 거부로 수감되었다가 출옥한 성도들

러 교파들을 합동하여 일본기독교조선 교단을 만들었다. 침례교, 성결교 등이 재림 사상 문제로 1943년 해체되었고, 지도자들은 시골에 은거하거나 만주 등지로 망명하였으며, 감옥에서 수난을 겪고 있었다.

조선 교회의 일본화를 꾀하기 위하여 일본은 1942년 3월 〈革新敎團〉을 조직하고 헌법을 제정하며 전필순 목사를 의장으로 뽑았다. 성경에서 출애굽기, 다니엘서를 비롯한 대부분의 구약성경을 없애고, 요한 계시록과 찬송가를 개편케 하였다. 이 부분을 떼어내든지 먹으로 칠하여 보지 못하게 하였으며, 후에 와서는 구약을 전부 없애고 신약성경도 4복음서 외에는 모두 없애 버렸다. 그러다가 1945년 7월 19일에는 그나마 남아 있던 교파들도 〈일본기독교조선교단〉으로 통합하여 일본 기독교화 시켜버렸다.

일본의 앞잡이 교역자들은 일본의 정책에 협력하여 하나님을 배신하며 조국을 배신하고 동역자를 배신하고 신사참배에 동조하였고, 황국신민이 된 것을 감사하였다. 한국교회 지도자들은 예수 이름으로 세례받은 것을

▲ 동방요배하는 모습

깨끗이 씻고 천조대신 아들이 되기 위하여 한강에서, 부산의 송도 앞 바다에서 일본의 우상 '미소기바라이'(淸淨) 이름으로 세례를 받았다.

1944년 9월, 경성 상동교회에 황도 문화관을 설치하여 갈홍기 목사를 관장으로 임명하고 류형기 목사 등은 교역자들에게 친일 교육사상을 교육시킨 후 이들을 한강에 끌고 가 '미소기바라이' 이름으로 세례를 주고 머리에 일장기를 두르고 남산 조선신궁까지 구보시켜 신사참배를 하게 하였다. 해주 장로교 김응규 목사는 천황 사진 앞에 배례하기를 건의하여 배례를 할 정도였고, 해주 강태동감리교회 관리자 박봉근은 신자 20여 명과 함께 아예 자기가 다니는 교회를 폐쇄해 버렸다. 경남 조평리 성결교회 신도들도 교회 사상이 일본 정신과 상용될 수 없다고 하여 해산하였다. 교인들은 가정에 '가미나다' 라는 신사를 설치하고 거기에 '천조대신지궁' 이라는 팻말을 붙이도록 강요하였다. 전북 금산의 이칠봉은 기독교의 신사참배 거부에 불만을 품고 탈교하였고, 전남 보성에서는 기독교 교리가 국체에 반하는 것이라 하여 교인들이 탈교하고 예배당을 대일본 정신도장으로 개칭하고 그 안에 가미다나(神棚, 집에서 모시는 작은 신전)를 설치하기도 하였다. 신사참배를 반대하고 신앙을 지키기 위하여 정든 교회와 고향을 떠나 멀리 이역의 땅 만주로 이사한 은기호 집사를 한국인 목사가 일본 경찰을 앞세워서 고발하여 옥고를 치르며 탄식하게 하였다.

'조선 종교 전시보국회'는 〈감리교의 갈홍기, 이동욱〉, 〈구세군의 황종률〉, 〈장로교 신삼일웅, 채필근〉, 〈천주교 김광한〉, 〈일본의 강본〉 등이 가담되어 조직되었다. 유형기, 정춘수, 정인과, 갈홍기 등은 '시국대응 전선 사상 보국연맹' 과 '황도문화관' 등의 단체에 적극 앞장섰다.

구자옥은 황도학회에 가입하여 일본을 찬양하였고 윤치호, 구자옥, 정인과, 정춘수, 양주삼, 신흥우 등은 임전대책 협의회와 임전보국단에 가입하였다. 김활란은 조선언론 보국회에 가입하여 일본의 하수인 노릇을 하였다.

정인과는 "신사참배를 반대하는 것은 국민으로서 하지 못할 자국에 반기를 든 것"이라고 하여 일본을 '자국'이라고 하였다. 교회 안에는 '가미다나'가 설치되었고, 예배를 드리기 전 여기에 절을 먼저하고 천황을 향해 머리 숙여 동방요배를 한 다음 예배를 드렸으며 목사들 복장은 일본식 군복이었다. 장로교 총회 교육부 사무실에는 일본의 국조신인 아마데라스 오오카미의 사진을 걸었다. 기독교인의 신앙고백인 사도신경이 신도의 창조설화와 위배된다고 하여 "전능하사 천지를 만드신 하나님 아버지를 내가 믿사오며"와 "저리로서 산 자와 죽은 자를 심판하러 오시리라"를 고백하지 못하게 하여 **빼고** 신앙고백을 하였다. 또한 찬송가 260장("우리를 죄에서 구하시려"도 부르지 못하게 하였다.

1939년 성결교회 이명직 목사는 기독교가 서양종교가 아니라는 일본의 주장을 그대로 지지하면서 일본은 러시아보다 기독교를 보호한다고 일본을 찬양하였다.

1941년 활천 9월호에 그는 "우리는 황국의 신민이다. 대일본제국의 신민으로서 세계 어느 곳으로 가든지 일등 국민의 대우를 받는 것이다. 만세일계 천황봉대에 천황의 적자이다... 이것은 실제로 영광이다"고 하였다.

1940년 5월 31일, 성결교 산하 성서학원이 경성신학교로 승격되어 11월 5일 오후 2시 개교식 때 궁성요배, 황국신민서사제송, 만세 삼창 등을 하여 조선 총독부에서는 성결교 총회에는 굳이 신사참배를 결의해 달라고 요청할 필요가 없었다.

1941년부터 활천의 매호마다 성결교회 신도(神道) 실천보고가 실렸고 십일조 헌금을 명하여 총독부에 바쳤다. 설교시간인데도 12시가 되면 전체가 일어나 일본 국가를 위해 일 분간 묵도를 하였다. 이명직 목사는 황실은 신성불가침이요 절대요 통치자이므로 공경해야 한다. 신자는 제도에 순응해야 한다고 하였다. [1]

1941년 12월 8일, 일본군이 진주만을 기습하여 태평양전쟁이 발발하자 12월 12일 이명직 목사는 경성 성결교회 신도에게 전시 체제를 정비하기 위해 수요일 정기 연합기도회를 시달하면서 "일본 필승의 기도"를 시달하였다.

1936년 6월 29일 총독부에서는 양주삼 목사에게 "감리교가 총회에서 신사참배 결의를 해달라"고 요청하자 양주삼 통리는 "국민의 의무일진데 누구나 참배할 것이니 구태여 결의할 필요가 없다"라고 하였다.

1937년 전영도 목사가 "중일전쟁은 성전이다."라는 내용의 편지를 미국의 주지사, 시장, 상·하의원들에게 4,800여 통을 송달하였다.

1941년 8월 20일 조선 임전복구단에 윤치호, 구자옥, 정인과, 채필근, 정춘수, 양주삼 목사와 김활란, 신흥우 등이 앞장섰으며, 1943년 11월, 조선 전시 종교복구회가 조직되어 감리교 갈홍기, 장로교 채필근, 천주교 김한수 등이 앞장섰다. 혁신 교단들은 예배시작 전 5분간 천황사진 또는 동방요배, 전몰 용사들의 영혼을 위한 묵념, 출정 장병의 무운장구 기원, 황국신민의 서사제송을 한 후 예배를 드렸다. 1943년부터는 밤 예배

---

1) 1922년 11월 25일 편집 겸 발행인 E.A. 길보른, 월간, 국판, 60면으로 창간된 기독교대한성결교회의 기관지이다. 1936년 11월 제6대 편집 겸 발행인으로 이명직 목사가 취임하여 1936년 11월〈통권 168호〉로부터 1946년 7월〈통권 230호〉까지 발행했다. 이후 1941년 12월 일제 탄압으로 1941년 12월호 (통권228호) 출판 후 폐간되는 시련을 겪고 1946년 1월 광복직후 교단재건과 함께 복간되었다. 1995년 7월 10일 지령 500호 발행 기념행사와 기념사업, 기념문집이 발행되었으며, 2002년 4월 창간호부터 통권 557호까지 CD-ROM 제작되었다. 한국교회에서 제일 오랜 역사를 가지고 있던 월간지였다.

는 아예 금지시켜 버렸다.

일제시대 때 미소기바라이 세례를 받은 사람들은 세례를 다시 받아야 한다. 그런 사람들이 한국교회 지도자로 있고, 대학을 5~6개 가지고 있고... 안된다. 예수 이름으로 세례받은 것 취소하고 다시 미소기바라이 이름의 세례를 받았으니 다시 세례 받아야 한다.

오늘의 한국교회는 그런 사람들이 교회 세우고, 그런 사람들이 학교 세우고, 엉망진창으로 만들어 놨다.

미소기바라이에 세례 받은 사람들, 다시 세례 받아라!
늙어서 한쪽 구석에 앉아 잘 모르지만, 그것이 내 마음의 주장이다!
그 사람들로 인하여 세워진 교회, 학교들도 모두 회개해야 한다.

하나님 앞에는 회개해서 될 일이 있고, 회개해도 안 될 일이 있다. 간음죄나 살인죄나 도적죄... 등은 용서받아도 예수 이름으로 세례받은 것을 취소한 죄는 어떻게 용서받을 것인가?
다시 회개하고, 다시 정신을 차리고 신앙 재건을 해야 된다!
예수 이름으로 세례를 받은 사람들이 그것을 취소하고 미소기바라이 세례를 받았으니, 철저히 회개하고 다시 세례 받아야 마땅하다!

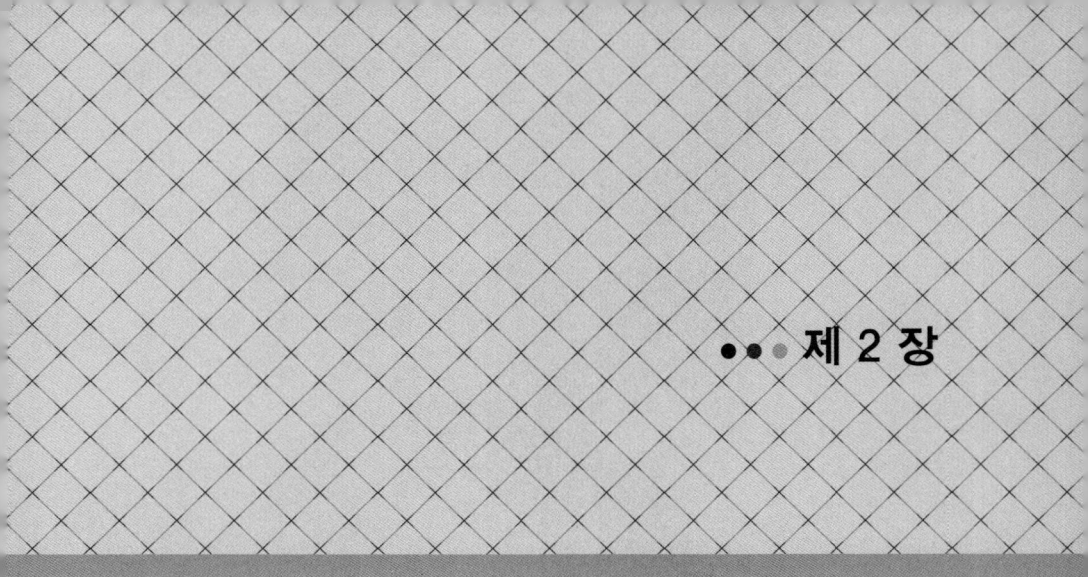

••• 제 2 장

내 인생 어떻게 살 것인가?
(고전 14:40)

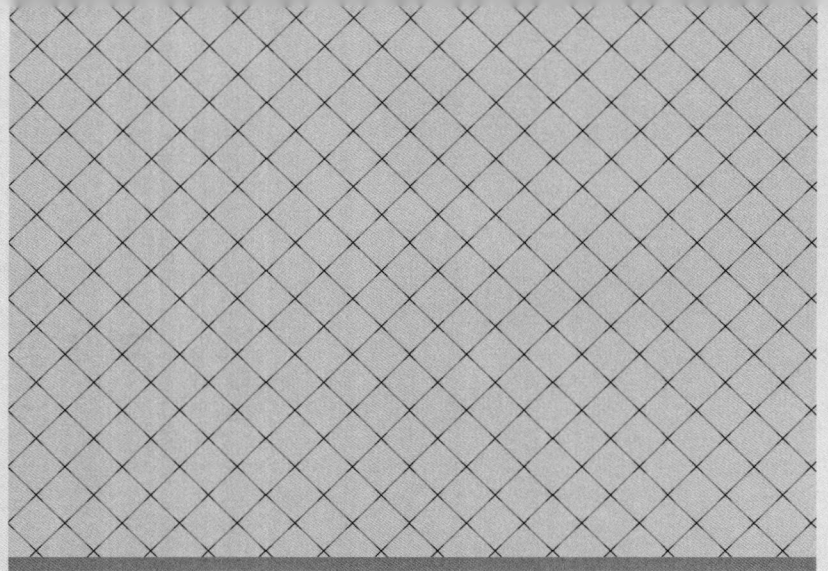

● ● ● 제 2 장

내 인생 어떻게 살 것인가? (고전 14:40)

1. 세상에서 가장 소중한 만남
2. 인생이란?
3. 천국 가는 길의 시야를 확보하라!
4. 물 같은 삶을 살아라!
5. 인생의 5수(守) 원칙
6. 비전 속에 전진하는 인생

●●● 제 2 장
내 인생 어떻게 살 것인가?
(고전 14:40)

1. 세상에서 가장 소중한 만남

경상남도 김해시 진례면 담안리에 살았던 구태종 집사는 집 뒷산 무덤 앞에서 예수님을 만났다. 그리고 한국 최초의 여성 목사인 최덕지 목사를 만나 회개하고 새로운 삶을 살게 되었다.

인생을 살다 보면, 행복한 만남도 있고, 불행한 만남도 있다. 사람을 잘 만나면 행복하다.

디모데는 모친 유니게와 외조모 로이스를 만났다. 모두 경건한 신자들이었다.

모세는 어머니 요게벳을 만나 빛나는 민족의 지도자가 되었다.

스승은 지성과 감성에 영향을 주는 사람인데, 바울이 있었기에 디모데가 있었고, 엘리야가 있었기에 엘리사가 존재할 수 있었다.

부부 간에도 서로 좋은 사람이 되어주어야 한다.

무엇보다 인생에 있어서 가장 소중한 것은 예수님과 만나면 모든 사람과 잘 만날 수 있다.

눈 먼 소경이 예수님을 만나 광명을 되찾았다.

어부였던 베드로는 예수님을 만나 복음 전하는 교회의 지도자가 되었다.

사도 바울은 예수님을 만나 이방인의 사도가 되었다.

A.D. 313년에 기독교가 로마제국의 국교로 정해졌다. 눈부신 발전을 이룬 것이다.

방탕자 어거스틴은 어머니 모니카의 눈물어린 기도 끝에 예수님을 만나 구원받은 사람이 되었다.

삭개오는 예수님을 만나 모든 문제 해결받고 새로운 인생을 살게 되었다. 우리 또한 예수님 못 만났으면 지옥 갈 인생들이 예수님 만나 천국 가게 된 사람들이다.

무당의 아들 백락준은 예수님 만나 미국 유학 다녀와 연세대 총장이 되었다.

이 나라에는 무당이 50만명, 목사가 30만명이다. 그런데 그리스도인들 중 무당에게 가서 점을 보는 장로, 권사들이 많다고 한다.

출 20:4~6에서, "너를 위하여 새긴 우상을 만들지 말고 또 위로 하늘에 있는 것이나 아래로 땅에 있는 것이나 땅 아래 물 속에 있는 것의 어떤 형상도 만들지 말며 그것들에게 절하지 말며 그것들을 섬기지 말라 나 네 하나님 여호와는 질투하는 하나님인즉 나를 미워하는 자의 죄를 갚되 아버지로부터 아들에게로 삼사 대까지 이르게 하거니와 나를 사랑하고 내 계명을 지키는 자에게는 천 대까지 은혜를 베푸느니라"

우상을 섬기면 하나님께서 3~4대까지 진노를 풀지 않으실 만큼 질투하신다고 하셨으나, 하나님을 사랑하는 자에게는 천대까지 은혜를 베푸신다고 하셨다.

2. 인생이란?

고전 14:40, "모든 것을 품위 있게 하고 질서 있게 하라"

모든 것을 적당히 해야 한다.
품위있게 행동해야 한다.
질서있게 해야 한다.

정직해야 한다.
정확해야 한다.
정성을 다 해야 한다.
정돈하고 살아야 한다.

그리고 삶의 의미를 바로 알아야 한다. 내가 지금 여기에 있는 이유가 무엇인지, 하나님의 뜻이 무엇인지 알아야 한다.

무엇을 위해 살 것인가?

자신이 변해야 세상도 변화시킬 수 있다.
인간(人間)이 되라. 하나가 되어 정의의 사람이 되라.
'묵은 나'를 갈아엎어 '새로운 나'가 되어야 한다.
성숙해야 어려움 가운데서도 극복한다.
삶을 풍성하게 하여 아름다운 추억을 만들어라.
미워하는 마음을 사랑의 마음으로 바꾸라.

3. 천국 가는 길의 시야를 확보하라!

지금 한국교회가 시야가 어두워져 있다. 자기 갈 길도 모르고 있다.
의심의 안개와 근심의 구름이 덮여 있다.
믿음의 눈을 떠라! 그래야 앞길을 볼 수 있다.
가는 길이 희미하면 기도로 길을 열어가라! 기도로 눈을 떠라!
모세는 기도로 홍해 길을 열었고, 여호수아는 기도로 요단강을 건넜다.
성령으로 눈을 떠라. 성령으로 불을 밝히라.
시야를 가로 막고 있는 것들이 물질, 명예, 자존심, 환경이 가로막고 있다.
내 갈 길 가로막는 길을 열어라. 시야를 확보하라!

최근에 나는 이런 것들을 느낀다.
나는 이제 늙고, 몸은 형편없어 가고, 누가 가르쳐 외쳐줄 사람도 없고, 대신해 줄 사람도 없다.

막 7:21~23에서, "사람의 마음에서 나오는 것은 악한 생각 곧 음란과 도둑질과 살인과 간음과 탐욕과 악독과 속임과 음탕과 질투와 비방과 교만과 우매함이니 이 모든 악한 것이 다 속에서 나와서 사람을 더럽게" 한다고 하셨다.

고전 6:9~10에서도, "불의한 자가 하나님의 나라를 유업으로 받지 못할 줄을 알지 못하느냐 미혹을 받지 말라 음행하는 자나 우상 숭배하는 자나 간음하는 자나 탐색하는 자나 남색하는 자나 도적이나 탐욕을 부리는 자나 술 취하는 자나 모욕하는 자나 속여 빼앗는 자들은 하나님의 나라를 유업으로 받지 못하리라"고 하셨다.

엡 5:5, "너희도 정녕 이것을 알거니와 음행하는 자나 더러운 자나 탐하는 자 곧 우상 숭배자는 다 그리스도와 하나님의 나라에서 기업을 얻지 못하리니"라고 하셨다.
이것이 있으니까 어두워지는 것이다. 한국교회가 신사참배하고 동방요배(東方遙拜) 했으니 시야가 밝을 수 있겠는가?
이러한 것들이 천국 길 가는 길의 시야를 흩트러지게 하는 것들이다.

4. 물 같은 삶을 살아라!

물은 낮은 곳으로 흐른다. 물 같은 삶을 감사하며 살아야 한다. 작은 자를 지향하는 교회, 한 사람의 작은 자, 고통당하는 자를 위하는 교회가 되어야 한다.

물은 공평과 평등으로 이루어진다. 수평이다.
흐르다가 바위가 있어 가로막히면 돌아간다.
부딪침 없이 흘러간다.
늦어도 돌아가야 된다. 그래야 바로 간다.
가로 막으면 멈추고, 막는 만큼 채워져서,
넘어가면 빠르게 흘러간다.
일은 멈추어도 사람은 잃으면 안 된다.
일은 좀 늦게 해도 사람을 잃어서는 안 된다.
이는, 교회 생활이나 개인 생활에 있어서도 마찬가지이다.
그냥 흐르는 것들… 썩은 나무, 낙엽도 같이 모아가지고 흐르는 것이 물이다!
추우면 고체가 되고 뜨거우면 기체로 변한다. 맞춰가는 것이다.
물은 생명의 예수님을 상징한다.

에스겔 47장 1~12절에서, 성전 문지방 밑에서부터 흘러내려온 물이 1천 척을 측량하니 발목에 오르고, 다시 1천 척을 측량하고 물을 건너게 하시니 물이 무릎에 오르고 다시 1천 척을 측량하고 물을 건너게 하시니 물이 허리에 오르고, 다시 1천 척을 측량하니 물이 건너지 못할 강이 되어 그 물이 가득하여 헤엄칠 만한 물이요, 사람이 능히 건너지 못할 강이 되었다. 물이 허리까지 왔을 때는 마음대로 길을 갔으나, 목까지 이르면 자유롭지 못하게 된다. 내 마음대로 물을 어찌할 수가 없다. 그래서 자유롭게 헤엄을 칠 수 있는 물에 나를 맡겨야 한다.

주님의 생명수에 나를 맡겨야 한다!

그러면 하나님께서, **겔 47:6~12**, "그가 내게 이르시되 인자야 네가 이것을 보았느냐 하시고 나를 인도하여 강 가로 돌아가게 하시기로 내가 돌아가니 강 좌우편에 나무가 심히 많더라 그가 내게 이르시되 이 물이 동쪽으로 향하여 흘러 아라바로 내려가서 바다에 이르리니 이 흘러 내리는 물로 그 바다의 물이 되살아나리라 이 강물이 이르는 곳마다 번성하는 모든 생물이 살고 또 고기가 심히 많으리니 이 물이 흘러 들어가므로 바닷물이 되살아나겠고 이 강이 이르는 각처에 모든 것이 살 것이며 또 이 강 가에 어부가 설 것이니 엔게디에서부터 에네글라임까지 그물 치는 곳이 될 것이라 그 고기가 각기 종류를 따라 큰 바다의 고기 같이 심히 많으려니와 그 진펄과 개펄은 되살아나지 못하고 소금 땅이 될 것이며 강 좌우 가에는 각종 먹을 과실나무가 자라서 그 잎이 시들지 아니하며 열매가 끊이지 아니하고 달마다 새 열매를 맺으리니 그 물이 성소를 통하여 나옴이라 그 열매는 먹을 만하고 그 잎사귀는 약 재료가 되리라"고 하셨다.

물에 나를 맡기니, 강 좌우편에는 각종 과일이 있고, 그 잎은 약 재료로 쓰이며... 풍성하게 해주셨다.

오늘은 내일을 위해서 있고, 내일도 오늘처럼, 날 부르실 그 날까지 가는 것이다. 이 시대 바울처럼 선교하고 전도하며 복음 전하며 가는 것이다. 말씀의 기적이 있어야 된다.

제비는 사람이 뽑으나 일의 작정은 하나님이 하신다.

"나의 나 된 것은 하나님의 은혜로 된 것이니" (고전 15:10)

행 13:22에서, "이새의 아들 다윗을 만나니 내 마음에 합한 자"라고 하셨다.

인생 길에서 하나님을 만나야 성공할 수 있다. 그러려면 하나님의 마음에 합한 자가 되어야 한다. 이를 통하여 하나님의 뜻이 이루어지리라고 하셨다. 하나님의 뜻대로 행해야 하나님이 원하시는 것을 하신다. 거기에 모든 것을 집중해야 한다. 다윗의 족보에서 그리스도가 나왔다.

어떤 사람이 불교승을 찾아가 자기의 이야기를 듣고 갈 길을 인도해 달라고 했는데, 세속의 불평, 불만, 원망 등을 계속 쏟아냈다. 그러니 불교승이 찻잔에 물을 부으며 계속 넘치게 붓는 것이다. 그것을 보고는, "아이고, 물이 넘칩니다" 하니, "당신이 계속 불평을 쏟아내니 내 말이 들어갈 데가 어디에 있소!"라고 했다고 한다. 불교승이 한 말이라도 들을 만한 얘기이다.

5. 인생의 5수(守) 원칙

타인에게 불쾌한 말이나 행동, 모양이라도 하지 말아야 한다. 좋은 인상을 주도록 노력해야 한다.

① 시간을 엄수하라!
시간의 두 가지 원칙이 있다. 아끼라! 지키라!
코리안 타임은 과거에는 참으로 부끄러운 일이다.

② 질서를 지키라!
거리에서나 사회에서나 문명인은 질서를 지킨다. 사회적인 질서를 지키고, 교통, 도덕, 생활 질서를 지켜야 한다.

③ 분수를 지키라!
수입에 알맞은 한도 내에서 지출해야 한다. 돈 버는 재주는 없는 사람이 쓰는 재주만 있으면 안 된다.
기름 한 방울 나지 않는 우리나라에 차가 너무 많다. 석탄 한 대, 쌀 한 톨도 물자 절약하는 것처럼 절약해야 한다. 저축 절약하고, 국산품 애용하며 수입 내에서 지출해야 한다.

④ 약속을 지키라!
니체는 "인간은 약속을 할 수 있는 동물"이라고 말했다. 인간이기에 약속을 할 수 있고 또 지킬 수 있다는 말이다. 정확하게 지켜야 한다. 불신으로 낙인 찍히고 신용을 잃으면 설 자리가 없다. 말에 책임을 지고 행동이 따라야 한다.
사람과 사람과의 관계가 바로 보증수표이다. 믿을 만한 사람이 되어야 한다. 신용이 자본이다.

⑤ 예절을 지키라!

말이나 행동에 예절을 갖추고, 불쾌감을 주는 말은 삼가야 한다. 정답고도 호감을 주는 말을 하고, 만나면 다시 만나고 싶은 그런 사람이 되어야 한다.

인간관계에 있어서 낙제생이 있다. 옹졸하고 좁고 예의 없는 행위는 하지 말아야 한다.

6. 비전 속에 전진하는 인생

① 콩 심은 데 콩 나고 팥 심은 데 팥 난다.

이는 철학적으로 본질과 형상의 원리이다. 좋은 것을 심으면 좋은 것이 나고, 나쁜 것을 심으면 나쁜 것이 난다.

마 7:16~17에서, "그들의 열매로 그들을 알지니 가시나무에서 포도를, 또는 엉겅퀴에서 무화과를 따겠느냐 이와 같이 좋은 나무마다 아름다운 열매를 맺고 못된 나무가 나쁜 열매를 맺나니"

좋은 나무가 나쁜 열매를 맺을 수 없고, 못된 나무가 아름다운 열매를 맺을 수 없다고 하셨다.

인간은 유토피아를 꿈꾼다. 그러나 유토피아는 불로소득(不勞所得)에서는 순식간에 이루어지지 않는다. 선악과 먹고 유토피아 될 줄 알았지만, 하나님 앞에서 쫓겨났다.

하나님께서는 6일 간 일하라 하셨다. 심는 데로 거두는 것이다. 일하기 싫거든 먹지도 말아야 한다.

② 비전 속에 지혜로운 전진이 있어야 된다.

③ 환경에 굴하지 말고, 전진해야 한다.

루터는 면죄부 판매 광고가 나왔을 때 그것이 예수 그리스도의 구원의 은혜를 받는 복음의 길이 아닌 것을 알리기 위하여 95개 조항의 항의문을 종이에 써서 1517년 10월 31일 주일날 아침 비텐베르크 성당의 정문에 붙여서 주일날 교회에 오는 사람들이 읽게 하였다. 항의문은 팜플렛으로 널리 퍼졌다. 루터는 이런 운동으로 교회의 일대 개혁을 시작한다는 생각이 조금도 없었고, 다만 자기의 구원의 복음적인 길을 알려서 면죄부의 폐단을 막고 가난한 사람들을 구하려 한 것이었다. 그러나 이 항의운동이 곧 대주교 알버트의 화를 불러일으켜서 루터를 비난하고 자제를 촉구하는 경고가 나왔다. 그러나 루터는 항의와 반대를 굽히지 않았고 루터와 그의 적수 사이에 있었던 공개 토론으로 사람들이 양론을 듣게 되었다.

웜스 성으로 송환되던 루터는 "웜스에 모여드는 악마의 수가 그곳의 기왓장만큼 많을지라도 나는 갈 것입니다."라고 말했다.

종교개혁을 포기할 기회를 준다고 해도 "주님 제가 여기에 있나이다. 하나님이여, 도우소서" "내 주는 강한 성이요, 방패와 병기되시니" 찬송하며 나아갔다.

어떠한 문제가 생길 경우, 염려하지 말고 환경 탓 하지 말아야 한다.

④ 기회를 선용하라!

철학자 베이컨은, "현명한 사람은 자기 자신에게 주어지는 것보다 많은 기회를 만든다. 기회는 발견될 때마다 놓치지 말고 잡지 않으면 안 된다"고 했다. 세월을 아끼라. 모든 것에는 때가 있다.

⑤ 행동하는 신앙인이 되라!

콜럼버스(이탈리아 탐험가)는 지구는 둥글다고 믿고, 1492년 12월에 출발하여 69일 만에 아메리카를 발견하였다.

역사의 주인은 행동을 할 줄 아는 사람이다.

행함이 없는 믿음은 죽은 믿음이다.
비전 속에 전진하여 역사의 주인공이 되라!

나의 마지막 기도는 "주님, 저에게 내일을 주십시오. 주님을 위해 남은 여생 바치겠습니다."라는 것이다. 나에게 내일이 다가오면 감사함으로 시작한다.

로댕처럼 생각하는 사람이 있고, 계속 앉아 있는 사람부터 서 있는 문지기 동상도 있다. 오체투지(五體投地)로 10일간 가는 사람들도 있는데, 우리는 너무 수월하게 살고 있지는 않은지 돌아보아야 한다.

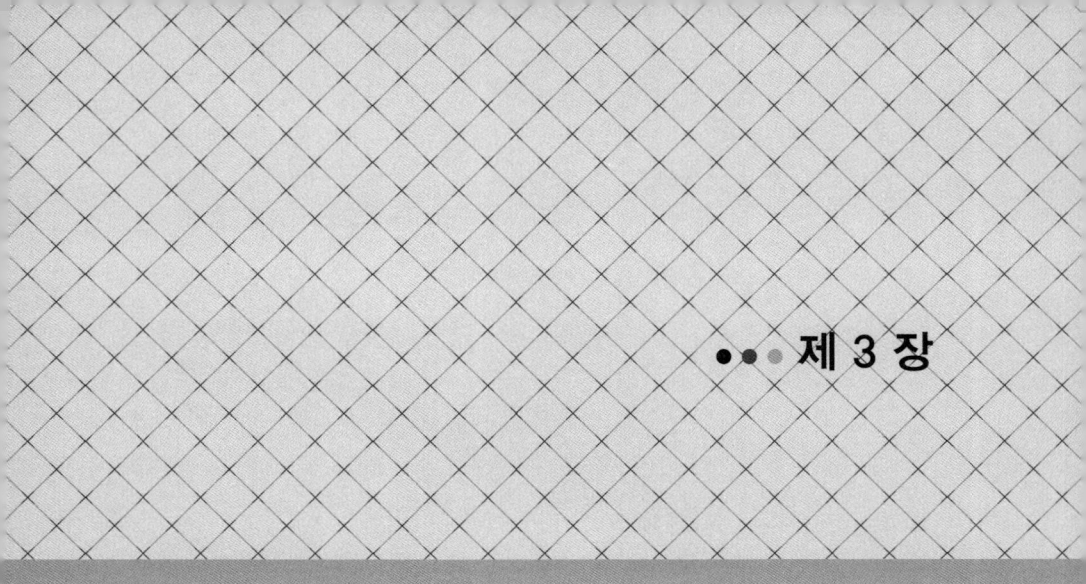

제 3 장

다음 세대를 준비하는 교회
(애 2:11~19)

● ● ● 제 3 장

다음 세대를 준비하는 교회 (애 2:11~19)

1. 다음 세대를 열 사람이 눈물을 강물같이 흘리며 다음 세대를 위해 손을 들고 기도하자!
2. 다음 세대의 영적 실상을 직시해야 한다(14절).
3. 영적 생활의 본질이 무엇인가?
4. 다음 세대의 영적 실상을 바로 알아야 한다(11, 12절).
5. 다음 세대의 회복을 위해 기도해야 한다.
6. 다음 세대는 하나님께서 세워야 한다(딤후 3:14~4:5).
7. 결론

● ● ● 제 3 장
다음 세대를 준비하는 교회
(애 2:11~19)

"내 눈이 눈물에 상하며 내 창자가 끊어지며 내 간이 땅에 쏟아졌으니 이는 딸 내 백성이 패망하여 어린 자녀와 젖 먹는 아이들이 성읍 길거리에 기절함이로다 그들이 성읍 길거리에서 상한 자처럼 기절하여 그의 어머니들의 품에서 혼이 떠날 때에 어머니들에게 이르기를 곡식과 포도주가 어디 있느냐 하도다 딸 예루살렘이여 내가 무엇으로 네게 증거하며 무엇으로 네게 비유할까 처녀 딸 시온이여 내가 무엇으로 네게 비교하여 너를 위로할까 너의 파괴됨이 바다 같이 크니 누가 너를 고쳐줄소냐 네 선지자들이 네게 대하여 헛되고 어리석은 묵시를 보았으므로 네 죄악을 드러내어서 네가 사로잡힌 것을 돌이키지 못 하였도다 그들이 거짓 경고와 미혹하게 할 것만 보았도다 모든 지나가는 자들이 다 너를 향하여 박수치며 딸 예루살렘을 향하여 비웃고 머리를 흔들며 말하기를 온전한 영광이라, 모든 세상 사람들의 기쁨이라 일컫던 성이 이 성이냐 하며 네 모든 원수들은 너를 향하여 그들의 입을 벌리며 비웃고 이를 갈며 말하기를 우리가 그를 삼켰도다 우리가 바라던 날이 과연 이 날이라 우리가 얻기도 하고 보기도 하였다 하도다 여호와께서 이미 정하신 일을 행하시고 옛날에 명령하신 말씀을 다 이루셨음이여 긍휼히 여기지 아니하시고 무너뜨리사 원수가 너로 말미암아 즐거워하게 하며 네 대적자들의 뿔로 높이 들리게 하셨도다 그들의 마음이 주를 향하여 부르짖기를 딸 시온의 성벽아 너는 밤낮으로 눈물을 강처럼 흘릴지어다 스스로 쉬지 말고 네 눈동자를 쉬게 하지 말지어다 초저녁에 일어나 부르짖을지어다 네 마음을 주의 얼굴 앞에 물 쏟듯 할지어다 각 길 어귀에서 주려 기진한 네 어린 자녀들의 생명을 위하여 주를 향하여 손을 들지어다 하였도다"(애 2:11~19)

이스라엘이 범죄하여 바벨론의 포로가 되었을 때에 미래를 닫아가고 있었다. 곡식이 없어 자녀들이 죽어가고 있었다. 이것도 미래가 없는 사항을 제시하는 말씀이다.

바다같이 파괴됨을 누가 고칠까?

선지자들은 헛되이 묵시를 보고 다음 세대를 망치는 설교를 하고 있다.

모든 사람들이 기쁨이라는 예루살렘 성이 훼파되고, 원수가 입을 벌리고 비웃고 있다.

1. 다음 세대를 열 사람이 눈물을 강물같이 흘리며 다음 세대를 위해 손을 들고 기도하자!

옛날에 어느 목사님이 계셨는데, 자식들이 불신자가 되어 장례를 하는데, 그 장자가 깡패로 우상 장례를 했다. 이 목사님은 다음 세대를 준비하지 못했다.

아프리카 케냐의 마사이 족은 사자들을 사냥하고, 용감한 사람들이다. 그들은 집을 쇠똥으로 짓고 산다. 나무로 지으면 흰 개미가 나무를 갉아 먹기 때문에 집이 무너진다. 그래서 쇠똥으로 짓는다.

이 이야기는 오늘보다 내일을 위한 삶에 대한 이야기이다.

1) 그리스도인은 사탄의 공격을 받고 있다.

이 세속 물결에서 어떻게 믿음을 지킬까? 작은 일들로도, 영혼을 파괴하기 위해 사단은 공격을 준비하고 있다. 아담의 집이 마귀의 말을 받아들인 결과로 하나님과 단절되고, 그 아들 중에 살인자가 생겼다.

다윗은 이성으로 왜 우리가 전쟁만 하면 이기는가? 인구 조사를 시작했는데, 하나님의 뜻에 어긋나서 청년 7만명이 죽었다. 가룟유다에게는 예수님 팔 생각을 집어넣어 받아들여 자살했다.

삼손은 블레셋 여인 데릴라를 사랑함으로 두 눈이 뽑히고 하나님의 일을 위해 세운 사사가 블레셋 사람들을 위해 연자 맷돌을 돌렸다.

2) 7일 중의 하루를 세속화 되는 것을 막아주셨다.

3) 십일조 실시로 하나님과 나의 관계를 물질로 정립해 주셨다.
4) **말씀 듣고 복받는 삶을 주셨다.**
하나님은 예루살렘 성전에 임재하셔서 선지자를 통해 말씀을 가르치게 하시고 그 백성들은 그 가르침을 받았다.
그리고 하나님께 나아가는 안식일 절기를 지키라 하셨다.
신앙의 외형적 요소가 무너지면 영혼도 무너진다.
예레미야는 예루살렘의 타락과 멸망을 바라보면서, 슬픔의 노래를 지었고, 눈물로서 이스라엘에 호소했다.
다음 세대를 바라보면서, 믿음을 통하여 어떻게 다음 세대에 전하고 품고, 영혼을 살릴까?

2. 다음 세대의 영적 실상을 직시해야 한다(14절).

"네 선지자들이 네게 대하여 헛되고 어리석은 묵시를 보았으므로 네 죄악을 드러내어서 네가 사로잡힌 것을 돌이키지 못하였도다"
"그들이 거짓 경고와 미혹하게 할 것만 보았도다"

1) 본 모습은 죄인이요, 영적 죄상을 직시해야 된다.
2) 불신앙은 다수를 따라 살고 있다. 열 정탐꾼과 이스라엘은 숫자를 따라서 통곡하며 울었다. 여호수아와 갈렙은 변하지 않는 믿음으로 다 죽어도 그들은 가나안에 들어갔다.
3) 노아의 후손은 구원받고도 다수주의로 시날 평지에서 바벨탑을 쌓았다. 무너지고 흩어졌다.
4) 지금은 죄를 합리화하고 있다.
5) 외식주의, 내용 없는 형식주의에 살고 있다.
6) 영적 둔감성을 직시하고, 바른 신앙의 회복이 있어야 한다. 생활의 염려로 마음이 둔하여지고 있다. 직장을 위해, 사업 때문에 신앙을 포기하는 사람들이

많아지고 있다.

　당시 선지자들은 헛된 것을 보았다. 백성은 안식일을 범하고, 말씀을 거역하는 것을 보고도 평안하다! 평안하다! 거짓 예언으로 하나님의 뜻을 곡해하는 선지자들이 많았다.
　하나님의 명령에 순종하는 것이 그리스도인의 영광인데, 하나님 섬기는 것이 최고의 가치와 선과 기쁨으로 여겨야 한다.
　하나님을 향한 신앙의 정절을 지키는 처녀 이스라엘이 되어야 할 것인데, 처녀 시온이 주변 열강 애굽과 앗수르와 바벨론에 의지하고 그들에게 도움을 구했던 것이 예루살렘의 영적 비극이 되었다.

3. 영적 생활의 본질이 무엇인가?

1) 외면에 있는 것이 아니고, 내면에 있다.
2) 예루살렘 성전의 황금돔이 석양의 화려한 자태에 모습을 드러내는 것을 보고, 성지 순례자들은 감격한다. 그것보다 내부에서 행해지는 내용이 더 중요하다.

　교회는 영적 훈련소이다. 미래를 대비하는 그리스도인이 되어야 한다.
　독일 수상 앙겔라 메르켈은 가난한 목사의 딸로서 선생님이 되려고 했는데, 세계와 독일을 품고 존경받는 최장수 여성 총리가 되었다, 예수님이 품어주신 은총이라 생각한다.
　인류 최대의 결혼식은 찰스 왕자와 다이애나이다. 보석이 수 십억 달라, 정규군이 3천명, 십만 명에 달하는 인파로 런던 거리를 가득 채웠던 것이 비참한 결론을 가져왔다.
　1957년 GNP가 53불에서 지금은 2만3천불이다. 미국보다 잘 사는 우리이다.

톨스토이는 가난한 농촌 농부에서 부자가 되니, 점점 세속화 되어버렸다.

유대인은 TV를 발명했다. 어려서 시편을 외우게 한다, 링컨은 150편을 다 외웠다고 한다. 오바마도 흑인으로 시편을 계속 읽고 있다고 한다. 저녁이 되면, 유대인들은 TV를 끄고 성경을 읽고 배운다.
노벨상 ⅓을 유대인이 차지했다. 지금 세계적으로 정치, 경제, 학술, 모두 손 안에 쥐고 있다. 휴대폰도 유대인이 발명했다.
삼성이 유대인 덕에 갑부가 된 것이다.
결혼 후에 자녀들에게 효도받기 위해, 자녀를 키우지 말아야 한다,
세계를 움직이는 워싱턴, 록펠러는 다음 세대를 바라보는 가정이었다.
사람 하나만 잘 나오면 행복해질 수 있다.
가정에서 잘 못 하면 악인이 나올 수 있다. 히틀러는 그의 아버지와 사촌 여동생으로부터 출생했다. 그리고 유대인 6백만명을 죽였다. 모든 문제는 가정에서부터 생긴다.
하나님이 주신 사명, 성가대, 식당, 영상, 음향, 청소, 목사 직분이 중요하다. 그러나 그 직분을 통해 행해지는 내용이 더 중요하다.
지금 형식적인 교회가 사회에 외면을 당하고 있다.

3) 목회자들은 영적으로 흠이 없고, 깨끗한 주의 종들이 되어야 한다. 삶이 투명하고 사회와 불신자들에게 인정받고, 다음 세대를 품는 지도자가 되어야 한다.

4) 자녀와 후손들에게 가르치며 사는 것이 아니라 보여주는 행동으로 가르쳐야 한다. 보여주는 삶으로 다음 세대를 이끌어야 한다.

4. 다음 세대의 영적 실상을 바로 알아야 한다(11, 12절).

"내 눈이 눈물에 상하며 내 창자가 끊어지며 내 간이 땅에 쏟아졌으니 이는 딸 내 백성이 패망하여 어린 자녀와 젖 먹는 아이들이 성읍 길거리에 기절함이로다 그들이 성읍 길거리에서 상한 자처럼 기절하여 그의 어머니들의 품에서 혼이 떠날 때에 어머니들에게 이르기를 곡식과 포도주가 어디 있느냐 하도다."

1) 예루살렘의 영적 혼동

제사장은 형식화 하고, 엘리 제사장은 다음 세대, 홉니와 비느하스에게 제사장 직을 맡겼다. 그러나 그들은 여호와를 알지 못했다. 제물을 도적하고, 회막문에서 수종드는 여인들과 동침하고 블레셋 전쟁에 법궤를 빼앗기고, 두 형제는 전사했다.

이 소식을 듣고 엘리 제사장은 그 의자에서 넘어져 목이 부러져 죽고, 비느하스의 아내는 조산으로 아들을 낳았는데 그 아들의 이름이 이가봇이다. 하나님이 떠났다는 뜻이다.

2) 영적 기아상태를 보았다.

예레미야는, 어머니 품에 안겨 곡식과 포도주를 찾으며 숨을 거두는 아이들을 보고 애간장 끓는 눈물을 흘렸다.

작금의 자녀들은 외향적으로 영양 상태가 좋고 건강하다 하지만, 영적 실상은 쭉정이가 되고 있다.

이 나라의 통계를 보면, 국민 한 사람 당 1년에 소주 80병, 맥주 100병을 마신다는데 대학생 57%가 한 주에 세 번 술을 마신다고 한다. 대학생 59%가 한 주에 두 시간도 공부를 못 한다고 한다. 남는 시간에 무엇을 할까? 음주가무에, 담배 많이 피운다 미국의 13%, 일본은 12% 비교해보면, 국제 경쟁력이 뒤떨어지고 있다.

3) 부모의 죄 때문에 자녀가 영적으로 굶주렸다면, 지금 부모의 죄 때문에, 영혼이 주리고 있다. 오직 대학! 대학!, 공부에 대한 압력으로 자살하고, 외형 모습뿐 아니라 영혼을 통찰할 수 있는 분별력이 사라지고 있다.

모든 문제는 영적 통찰력으로 분별해야 한다. 문화, 언어, 춤, 그 노래가 무슨 소리인지, 다음 세대가 영적 방향을 잃어버리고 있다. 다음 세대를 위해서 알아야 고칠 수 있지 않겠는가?

5. 다음 세대의 회복을 위해 기도해야 한다.

1) 하나님은 바벨론 채찍으로 이스라엘을 때렸다.
유다가 짓밟혔다. 한국이 일본에 36년간 짓밟혔다. 위안부 수요집회, 일천번제가 지났는데 270여명에서 70여명만 남았다.
한복 입은 처녀상, 일본 대사관 앞에 세워놓았다.
목도리를 감아주고, 모자도 씌워주는데, 일본은 어떻게 된 것인지 감감무소식이다.

2) 하나님은 채찍으로 유대백성이 돌아오게 하기 위해서 고난과 역경을 주시고, 무한 자비하시고 긍휼을 베푸셨다. 하나님은 예루살렘의 회복을 원하신다.

3) 예레미야 선지자처럼 기도해야 한다.

하나님이여! 우리를 주께로 돌이키소서! 주께로 돌아가겠으니!

"여호와여 우리를 주께로 돌이키소서 그리하시면 우리가 주께로 돌아가겠사오니 우리의 날들을 다시 새롭게 하사 옛적 같게 하옵소서"(애 5:21)

성전에서 마음 껏 제사하고, 주님의 법을 따라 사는 것이 기쁨으로 살던 그 때가 회복되게 하기 위해 기도해야 한다.

우리의 자녀들을 교회에서 회복되게 하기 위해 기도해야 한다.

자녀들을 기다려주어야 한다.

비판 정죄보다 내가 먼저 보여주어야 한다.

집 떠난 탕자를 기다리는 아버지처럼, 자녀를 위해서 기도해야 한다.

"그들의 마음이 주를 향하여 부르짖기를 딸 시온의 성벽아 너는 밤낮으로 눈물을 강처럼 흘릴지어다 스스로 쉬지 말고 네 눈동자를 쉬게 하지 말지어다 초저녁에 일어나 부르짖을지어다 네 마음을 주의 얼굴 앞에 물 쏟듯 할지어다 각 길 어귀에서 주려 기진한 네 어린 자녀들의 생명을 위하여 주를 향하여 손을 들지어다 하였도다"(애 2:18~19)

주를 향하여 손을 들고 기도하자!

모세의 후계자, 여호수아와 갈렙, 다니엘, 요셉처럼 이루기 위해 기도해야 한다.

다음 세대를 품는 복된 교회 되기를 바라면서 기도해야 한다.

6. 다음 세대는 하나님께서 세워야 한다(딤후 3:14~4:5).

"그러나 너는 배우고 확신한 일에 거하라 너는 네가 누구에게서 배운 것을 알며 또 어려서부터 성경을 알았나니 성경은 능히 너로 하여금 그리스도 예수 안에 있는 믿음으로 말미암아 구원에 이르는 지혜가 있게 하느니라 모든 성경은 하나님의 감동으로 된 것으로 교훈과 책망과 바르게 함과 의로 교육하기에 유익하니 이는 하나님의 사람으로 온전하게 하며 모든 선한 일을 행할 능력을 갖추게 하려 함이라 하나님 앞과 살아 있는 자와 죽은 자를 심판하실 그리스도 예수 앞에서 그가 나타나실 것과 그의 나라를 두고 엄히 명하노니 너는 말씀을 전파하라 때를 얻든지 못 얻든지 항상 힘쓰라 범사에 오래 참음과 가르침으로 경책하며 경계하며 권하라 때가 이르리니 사람이 바른 교훈을 받지 아니하며 귀가 가려워서 자기의 사욕을 따를 스승을 많이 두고 또 그 귀를 진리에서 돌이켜 허탄한 이야기를 따르리라 그러나 너는 모든 일에 신중하여 고난을 받으며 전도자의 일을 하며 네 직무를 다하라"

사울 왕은 그 좋던 아들 요나단을 다음 세대에 세우지 못했다. 영적 대가 끊어지는 현상이 말세의 현상이다.
예를 들면, 아버지는 장로이고 어머니는 권사이고 아들은 독자인데, 고3에 올라가자 마자 아들에게 주일에 교회 나오지 말고 열심히 공부하여 서울대 법대에 들어가라.
1년 동안 공부 열심히 하여 서울대 법대에 합격했는데, 발표를 보고 밤 11시에 전화가 왔다. 누구누구가 당신의 아들이 아니요? 술 먹고 교통사고로 지금 영안실에 누워 있습니다. 두 부부는 그 때에야 회개했지만 때는 늦었다.
구약성경에서 단 자손이 자기들을 위하여 그 새긴 신상을 세웠고, 모세의 손자요 게르솜의 아들인 요나단과 그의 자손은 단 지파의 제사장이 되어 그 땅 백성이 사로잡히는 날까지 이르렀다.
하나님의 집이 실로에 있을 동안에 미가가 만든 바 새긴 신상이 단 자손에서 있었다.
모세의 손자 요나단이 우상숭배하고, 자신과 가문과 민족을 허물어지게 했다. 슬픈 역사이다.
사사기 18장 30~31절, 단 자손이 자신을 위하여 새긴 우상을 세웠고, 모세의 손자 게르솜의 아들 요나단이 단 지파 그 자손의 우상 제사장이 되었다. 사로잡히는 날까지 이루어졌다.
아론의 아들, 나답과 아비후는 다른 불로 제사하기를 시작하였다. 모세는 위대한 선지자요, 하나님의 사람이었으나, 손자는 영적 암흑을 자초, 리더도 되지 못했다.

단 지파와 사설 제사장이 되어 하나님이 아닌 우상 제사를 주관하는 사탄의 전략을 깨닫지 못했다.

어느 역사 학자는 영국에서 30년 후에는 교회가 없어진다고 했다. 선데이지에 나온 이야기이다. 인디페스트지도 그렇게 주장하고 있다.

영적 암흑시대는 우리의 이야기가 아닐까?

사도 바울은 자유롭지 못한 상태에서 디모데에게 편지하기를, 내가 드로아 가보의 집에 둔 겉옷을 가지고 오고 또 책은 특별히 가죽 종이에 쓴 것을 가져오라고 부탁하면서, 구리 세공업자 알렉산더가 내게 해를 많이 입혔으매 주께서 그 행한대로 그에게 갚으시리라고 하였다.

"네가 올 때에 내가 드로아 가보의 집에 둔 겉옷을 가지고 오고 또 책은 특별히 가죽 종이에 쓴 것을 가져오라 구리 세공업자 알렉산더가 내게 해를 많이 입혔으매 주께서 그 행한 대로 그에게 갚으시리니"(딤후 4:13~14)

때가 이르리니 사람이 바른 교훈을 받지 아니하고 귀가 가리워져 자기의 소욕을 좇을 스승을 많이 두고 진리에서 허탄한 얘기를 좇는다고 했다.

7. 결론

지금은 심각한 영적 질병이 만연하고 있다.

예배 석상에서 교회에 다녀도 성경책, 찬송가를 안 들고 다니는 교인이 점점 많아지고 있다. 유초등부 예배가 없는 곳이 3만 수 천 교회라고 한다.

이대로 가면 큰일난다. 주일학교에서 전도 통로를 알려야 된다. 그런데 주일학교 교사가 아이들 봐주는 곳으로 전락했다.

맛 잃은 소금, 침몰하는 배 같이, 배 밑창에 구멍이 나 있다. 세상이 배 안으로 들어와서 교회가 가라앉게 생겼다. 맛 잃고, 캄캄한 흑암의 시대이다.

수준 높은 교양인, 수준 높은 신앙인이 교사가 되어야 하는데, 주일학교가 골동품화 되어가고 있다.

교회가 반으로 줄어들고 있고, 천국 가고, 병원가고, 시골에서 서울 가고, 목사 부부만 앉아 예배드리는 곳이 많다고 한다.

부모의 죄를 3, 4대까지 벌하시면서도, 하나님은 천대까지 은혜를 베푸신다고 하셨다.

아브라함, 이삭, 야곱, 요셉... 유다, 다윗에 이르는 가계를 통한 축복을 야곱에게 빼앗기고 땅을 치고 통곡한 에서가 기억난다. 야곱은 도망가다가 하나님을 만났고, 자기 지식만 믿고 20년 후에 12아들과 딸 디나를 거느리고 한 때와 두 때와 세 때를 거느렸다. 한 때는 양떼 3천 마리, 그러니까 약 9천 마리이다.

세겜에 머물다가 딸 디나가 강간을 당하고 레위가 가서 세겜 족속들의 남자를 다 죽이고 물질을 빼앗고 여자들을 데려왔다.

마 28:19~20에서, "너희는 가서 모든 족속으로 제자를 삼아 아버지와 아들과 성령의 이름으로 세례를 주고 또 내가 분부한 모든 것을 가르쳐 지키게 하라 세상 끝날까지 항상 너희와 함께 있으리라" 하셨다.

지금까지 무엇을 가르쳤나?

성경을 가르쳐야 한다. 하나님의 감동으로 기록된 성경은 의롭고 거룩하고 온전케 한다고 했다.

성경의 주제는 그리스도를 구주로 믿고 구원받는 것이다. 개인적, 인격적으로 만나야 한다.

히브리 기자는 믿음의 주요 온전케 하시는 예수를 바라보자고 했다. 디모데는 로이스, 유니게로부터 어릴 적부터 말씀으로 잘 양육받았다.

"이는 네 속에 거짓이 없는 믿음이 있음을 생각함이라 이 믿음은 먼저 네 외

조모 로이스와 네 어머니 유니게 속에 있더니 네 속에도 있는 줄을 확신하노라"(딤후 1:5)

  거짓 없는 믿음으로 하나님의 사람으로 세워졌다.
  바울은 다음 세대로 디모데 같은 인재를 키웠다. 우리도 디모데같은 다음 세대를 키워야 한다.

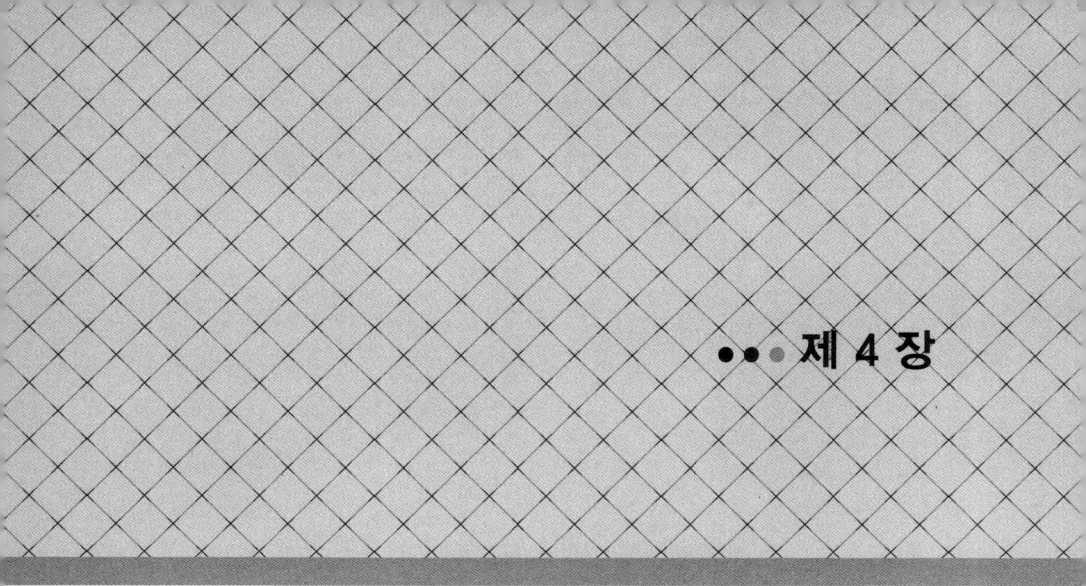

제 4 장

미래를 열어가는 사람
(창 37:5~11)

● ● ● 제 4 장

미래를 열어가는 사람 (창 37:5~11)

1. 미래를 닫아가는 사람
2. 미래를 여는 사람은 꿈을 꾸는 사람이다.
3. 미래를 준비하는 사람이 열어간다.
4. 우리는 현재와 미래와 과거의 틈바구니 속에서 살아가고 있다(전 3:1~12).
5. 현재는 미래를 심는 것이다.
6. 미래를 창조하고 열어갈 사람
7. 미래의 교회와 미래 교회의 역할
8. 게으른 자여, 개미에게 가서 그가 하는 것을 보고 지혜를 얻으라.

●●● 제 4 장

미래를 열어가는 사람

(창 37:5~11)

"요셉이 꿈을 꾸고 자기 형들에게 말하매 그들이 그를 더욱 미워하였더라 요셉이 그들에게 이르되 청하건대 내가 꾼 꿈을 들으시오 우리가 밭에서 곡식 단을 묶더니 내 단은 일어서고 당신들의 단은 내 단을 둘러서서 절하더이다 그의 형들이 그에게 이르되 네가 참으로 우리의 왕이 되겠느냐 참으로 우리를 다스리게 되겠느냐 하고 그의 꿈과 그의 말로 말미암아 그를 더욱 미워하더니 요셉이 다시 꿈을 꾸고 그의 형들에게 말하여 이르되 내가 또 꿈을 꾼즉 해와 달과 열한 별이 내게 절하더이다 하니라 그가 그의 꿈을 아버지와 형들에게 말하매 아버지가 그를 꾸짖고 그에게 이르되 네가 꾼 꿈이 무엇이냐 나와 네 어머니와 네 형들이 참으로 가서 땅에 엎드려 네게 절하겠느냐 그의 형들은 시기하되 그의 아버지는 그 말을 간직해 두었더라"**(창 37:5~11)**

1. 미래를 닫아가는 사람

1) 아벨을 죽인 가인이 미래를 닫아가는 사람이다.
2) 장자의 명분을 팥죽 한 그릇에 팔아넘긴 에서같은 사람
3) 노아시대에 홍수 멸망에서 구원받은 사람들이 헛된 바벨탑을 쌓는 것이 미래를 닫아가는 사람들이다.
4) 출애굽한 이스라엘이 광야 40년에 원망, 불평하다 미래를 닫아버렸다. 가나안에 들어가 문을 닫아버렸다.
5) 이스라엘의 사사 삼손이 여자 때문에 두 눈이 뽑히고 블레셋을 위하여 일하는 사람이 되었다.
6) 주님 제자 중에도 회계를 맡은 가룟 유다가 축복의 문을 닫아버렸다.
7) 7집사를 선택했을 때 니골라는 믿기만 하면 구원이라는 생활이 없는 신앙인이었다.

주님께서 계시록 2장에, 나도 미워했다고 하셨다.

2. 미래를 여는 사람은 꿈을 꾸는 사람이다.

1) 요셉은 이삭의 노경에 얻은 아들로 사랑받고 살았다. 곡식 단의 절과 태양의 절의 꿈을 꾸고 형제들에게 이야기 함으로 미움을 받았다.
2) 꿈을 이루기 위해서는 고난과 시련을 이겨내야 한다.
3) 꿈은 이루어진다는 신념을 가져야 한다.

3. 미래를 준비하는 사람이 열어간다.

"요셉에게 이르되 하나님이 이 모든 것을 네게 보이셨으니 너와 같이 명철하고 지혜 있는 자가 없도다 너는 내 집을 다스리라 내 백성이 다 네 명령에 복종하리니 내가 너보다 높은 것은 내 왕좌뿐이니라 바로가 또 요셉에게 이르되 내가 너를 애굽 온 땅의 총리가 되게 하노라 하고 자기의 인장 반지를 빼어 요셉의 손에 끼우고 그에게 세마포 옷을 입히고 금 사슬을 목에 걸고 자기에게 있는 버금 수레에 그를 태우매 무리가 그의 앞에서 소리 지르기를 엎드리라 하더라 바로가 그에게 애굽 전국을 총리로 다스리게 하였더라"(창 41:39~43)

1) 요셉은 긍정적인 사람으로 흉년을 준비하는 사람이었다. 부정적인 사람은 성공을 준비 못한다.
2) 노예가 되고 감옥에 가도 자기의 의를 굳게 지키는 사람이 미래를 준비하는 사람이다.
3) 후회없는 삶은 죄로 인하여 하나님 앞에 버림받지 않기 위해 죄를 떠나고 감옥에 가도 자기의 순결을 지켰다. 죄는 회개해야 한다.
4) 하나님을 믿고 하나님의 도우심을 받아야 함께 하심으로 형통한 자가 된다.

사랑의 능력은 한계가 있다. 하나님이 도우셔야 한계를 초월할 수 있다.
요셉은 바로의 꿈을 하나님의 뜻에 맞게 해몽을 했다.

5) 하나님께 감동된 사람이고 지혜있는 삶을 살았다.
6) 7년 풍년을 준비하여, 7년 흉년을 잘 살게 되었다.

4. 우리는 현재와 미래와 과거의 틈바구니 속에서 살아가고 있다(전 3:1~12).

"범사에 기한이 있고 천하 만사가 다 때가 있나니 날 때가 있고 죽을 때가 있으며 심을 때가 있고 심은 것을 뽑을 때가 있으며 죽일 때가 있고 치료할 때가 있으며 헐 때가 있고 세울 때가 있으며 울 때가 있고 웃을 때가 있으며 슬퍼할 때가 있고 춤출 때가 있으며 돌을 던져 버릴 때가 있고 돌을 거둘 때가 있으며 안을 때가 있고 안는 일을 멀리 할 때가 있으며 찾을 때가 있고 잃을 때가 있으며 지킬 때가 있고 버릴 때가 있으며 찢을 때가 있고 꿰맬 때가 있으며 잠잠할 때가 있고 말할 때가 있으며 사랑할 때가 있고 미워할 때가 있으며 전쟁할 때가 있고 평화할 때가 있느니라 일하는 자가 그의 수고로 말미암아 무슨 이익이 있으랴 하나님이 인생들에게 노고를 주사 애쓰게 하신 것을 내가 보았노라 하나님이 모든 것을 지으시되 때를 따라 아름답게 하셨고 또 사람들에게는 영원을 사모하는 마음을 주셨느니라 그러나 하나님이 하시는 일의 시종을 사람으로 측량할 수 없게 하셨도다 사람들이 사는 동안에 기뻐하며 선을 행하는 것보다 더 나은 것이 없는 줄을 내가 알았고"(전 3:1~12)

1) 현재에서 과거를 돌아보라!
2) 현재의 하나님이 보이지 않나? 그러나 과거를 돌아보면 하나님이 함께 하심을 발견한다.
3) 요셉은 과거에도, 현재에도, 미래에도, 후회없는 삶을 살았다.

다윗은 시 22:3에서, "이스라엘의 찬송 중에 계시는 주여 주는 거룩하시니이다"

내 영혼을 소생시키시고 자기 이름을 위하여 의의 길로 인도하시는도다 내가 사망의 음침한 골짜기로 다닐찌라도 해를 두려워하지 않을 것은 주께서 나와 함께 하심이다.

4) 가난, 병, 문둥병... 소록도에 사는 모 장로님의 이야기를 들어보면,

밤 12시만 되면 소록도의 7교회에서 울부짖는 소리들이 들린다고 한다.

그 내용은, "하나님 감사합니다. 내게 한센스 병을 주어서 예수님을 발견하고 하나님을 믿게 되었으니 너무너무 감사합니다"라며 큰소리로 외치며 기도한다는 것이다.

『암병동 사람들』이라는 책을 보면, "내게 암을 주어서 감사"하는 사람은 암에서 이겨낸다고 한다. 이것들이 모두 예수님을 찾기 위함이다.

"너는 가서 기쁨으로 네 음식물을 먹고 즐거운 마음으로 네 포도주를 마실지어다 이는 하나님이 네가 하는 일들을 벌써 기쁘게 받으셨음이라"(전 9:7~9)

전도서 9:7에, 사람이 장래 일을 알지 못한다고 했다. 장래 일을 가르칠 자가 누구인가 했다.

"형통한 날에는 기뻐하고 곤고한 날에는 되돌아 보아라 이 두 가지를 하나님이 병행하게 하사 사람이 그의 장래 일을 능히 헤아려 알지 못하게 하셨느니라"(전 7:14)

전 7:14에서, 형통한 날에는 기뻐하고 곤고한 날에는 생각하라고 했다. 하나님은 두 가지를 병행하게 하셨다. 사람은 장래 일을 능히 헤아려 알지 못한다.

부정한 사람은 잘 살고 뇌물로 문제를 해결하려 하고 세금 내지 않고 잘 사는 사람들이 많다. 큰 일 날 일이다. 벤츠를 타는 여 검사, 이것이 말이 되는가?

"너는 행악자들로 말미암아 분을 품지 말며 악인의 형통함을 부러워하지 말라 대저 행악자는 장래가 없겠고 악인의 등불은 꺼지리라"(잠 24:19~20)

잠 24:19~20에서, 행악자들이 득의함으로 분을 품지 말라, 악인의 형통함을 부러워말라. 행악자와 악인은 장래가 없다.

시 115:20에서, 하나님은 자기를 사랑하는 자는 보호하시고 악인은 멸하신다고 했다. 과거 발자취를 따라 보이는 현재에 숨어 계신다.

"구원자 이스라엘의 하나님이여 진실로 주는 스스로 숨어 계시는 하나님이시니이다"(사 45:15)

사 45:15에서, 구원자를 위하여 숨어 계신다고 하셨다. 현재에 숨어서 미래를 만들고 계신다.
스스로 속이지 말라 하나님은 업신여김을 받지 아니하시나니 사람이 무엇으로 심든지 그대로 거두리라 자기의 육체를 위하여 심는 자는 육체로부터 썩어질 것을 거두고 성령을 위하여 심는 자는 성령으로부터 영생을 거두리라고 하셨다.
갈 6:7~8에서, 지금 하는 모든 일이 심고 거두는 법칙으로 미래를 심고 있다.
내일을 위하여 토기장이가 진흙을 빚듯이 빚고 계신다.
그러니 스스로 속이지 말라. 사람이 무엇을 심든지 그대로 미래에 거둔다. 하나님은 우리의 현재를 계산하고 계신다. 그리고 미래를 계획하고 계신다.
그러므로 우리는 기회 있는 대로 모든 이에게 착한 일을 하되 더욱 믿음의 가정들에게 해야 한다.
갈 6:10에서는, 기회 있는 대로 모든 이에게 착한 일을 하되 믿는 자에게 더욱 하라고 말씀하셨다.

영국에서 부잣집 아들이 연못에 빠졌다. 가난한 소년이 건져주었다. 그 부모가 너는 무엇 하고 싶어 물으니, 런던에 가서 의사가 되고 싶다고 했다.

부잣집에서 돈을 내어 의학박사가 되고, 위대한 발명가가 되었다. 그가 바로 페니실린을 발명한 알렉산더 플레싱 박사이다.

부잣집 아들은 처칠 수상이었다.

폐렴에 걸려 죽게 되었을 때에, 2차 대전이 발발하고, 처칠이 죽으면 온 유럽이 히틀러 손에 들어가게 되었다. 위기의 때인지라 페니실린을 들고 처칠 병상을 방문해서 당신의 집안의 도움으로 의학박사가 되었다며 그 주사로 처칠을 살렸다.

처칠의 기도로 독일이 30만 영국군을 도버 해협으로 몰아부쳤다.

처칠은 기도했다. "하나님, 우리를 살려주십시오."

독일군이 주둔하는 곳에는 비가 억수같이 내려 탱크가 땅에 꺼지고 비행기가 뜨지 못하는 동안 30만의 영국군은 다 영국으로 피신하고 히틀러가 도착했을 때 아무도 없었다.

말 3:14~18에서는, 하나님을 섬기는 것이 헛되다. 명령 지키는 것이 무엇이 유익할꼬 슬퍼하는 것이 무엇이 유익할꼬 교만한 자가 복되다 악한 자가 창성하고 하나님을 시험하는 자가 화를 면한다 하였다. 그러나 그 때에 하나님께서 그것을 분명히 들으시고 하나님을 경외하는 자 그 이름을 존중히 생각하는 자를 위하여 하나님 앞에 있는 기록책에 기록하셨다고 했다.

하나님의 정한 날에 하나님의 특별한 소유로 삼을 것이요 아들을 아끼는 자들을 아낌없이 아끼리라 그때에 하나님을 섬기는 자와 섬기지 않는 자를 분별할 것이라 하셨다.

"나를 사랑하는 자들이 나의 사랑을 입으며 나를 간절히 찾는 자가 나를 만날 것이니라 부귀가 내게 있고 장구한 재물과 공의도 그러하니라"(잠

8:17~18)

나를 사랑하는 자는 나의 사랑을 입으며 나를 간절히 찾는 자가 만날 것이요 부귀가 내게 있고 장구한 재물과 의도 그러하리니라고 했다.

미국의 부호의 집 앞에 대장장이가 살았다.

이 대장장이는 새벽기도에 갔다 와서 계속 쇠를 두드렸다. 이 부잣집 사람들이 시끄러워 아침 잠을 잘 수가 없었다. 그러니 "하루 버는 돈이 얼마인가?" 물으니, "15달러이다."라고 대답했다. 부자는 "내가 한 달 분 450달러를 줄 터이니 아침에 두드리지 말라!"고 요청하였다. 대장장이가 돈을 받고 아침에 일을 하지 않으니 견딜 수가 없었다. 불타는 마음으로 돈을 다시 갖다 주고 그 다음 날 아침부터 두드리기 시작했다.

이후, 부호가 사업을 맡길 만한 사람을 찾았다. 믿고 맡길 만한 사람이 없었다.

그 때 대장장이를 보고는 "당신이 해달라!"고 했다.

대장장이는 그 일에 최선을 다 하여 사업을 번창하게 만들었다.

롬 8:28에서는, "하나님을 사랑하는 자 곧 그 뜻대로 부르심을 입은 자들에게는 모든 것이 합력하여 선을 이룬다"고 하셨다.

5. 현재는 미래를 심는 것이다.

1) 현재를 허비하지 말고, 미래를 위해 하나님께 기도하라. 하나님이 이루어주실 것이다.

2) 아브라함은 75세에 하나님을 만났다. 본토와 친척과 아비집을 떠나라 하시니 순종하고 떠났다. 미래의 가나안을 향해서 떠난 것이다.

창 11:1에서, "온 땅의 언어가 하나요 말이 하나였더라"에서부터 네 이름을 창대케 하고 복의 근원이 되고 축복하는 자에게 축복하고 저주하는 자에게 저주하고 모든 족속이 너로 인해 복을 받을 것이다라는 약속을 받은 아브라함은 현재의 꿈과 미래를 보고 그 말씀을 받아들여 실천했다.
   3) 그 후에 내가 내 영을 만민에게 부어 주리니 너희 자녀들이 장래 일을 말할 것이며 너희 늙은이는 꿈을 꾸며 너희 젊은이는 이상을 볼 것이라고 하셨다.

요엘 2:28에서, 내가 내 신을 만민에게 부어주리니 너희 자녀들은 장래 일을 말할 것이요 늙은이는 꿈을 꾸리라 젊은이는 이상을 보리라.

출애굽한 이스라엘을 가나안 길로 하나님이 인도하셨다.
   네 조상들도 알지 못하던 만나를 광야에서 네게 먹이셨나니 이는 다 너를 낮추시며 너를 시험하사 마침내 네게 복을 주려 하심이었느니라고 하셨다.

신 8:16에서, 마침내 복 주시기 위하여, 낮추시고, 시험하사, 교만을 깨뜨리고 온유하게 만들어 하나님을 의지하게 만들고 복 주시기 위해서이다.

   이는 너희 믿음의 시련이 인내를 만들어 내는 줄 너희가 앎이라 인내를 온전히 이루라 이는 너희로 온전하고 구비하여 조금도 부족함이 없게 하려 함이라.

약 1:3~4에서, 믿음은 시련과 인내이다. 조금도 부족함이 없게 하시려 한다.

   4) 천국의 꿈을 가지라.
   복음에는 하나님의 의가 나타나서 믿음으로 믿음에 이르게 하나니 기록된 바 오직 의인은 믿음으로 말미암아 살리라 하셨다.
   하나님의 진노가 불의로 진리를 막는 사람들의 모든 경건하지 않음과 불의에 대하여 하늘로부터 나타난다.

롬 8:17에서, 자녀이면 또한 상속자 곧 하나님의 상속자요 그리스도와 함께 한 상속자니 우리가 그와 함께 영광을 받기 위하여 고난도 함께 받아야 한다고 하셨다.

새 하늘과 새 땅, 처음 하늘이 없어지고 신부가 신랑을 위하여 단장함 같이 눈물을 그 눈에서 씻겨 하나님이 함께하신다고 했다.

히스기야의 15년 연장 동안, 한 일도 없고 못된 왕 므낫세만 생산했다.

이런 삶이 미래를 닫아가는 삶이다.

6. 미래를 창조하고 열어갈 사람

운동장에서 달음질하는 자들이 다 달릴지라도 오직 상을 받는 사람은 한 사람인 줄을 너희가 알지 못하느냐 너희도 상을 받도록 이와 같이 달음질하라고 하셨다.

이기기를 다투는 자마다 모든 일에 절제하나니 그들은 썩을 승리자의 관을 얻고자 하되 우리는 썩지 아니할 것을 얻고자 하노라 하셨다.

그러므로 나는 달음질하기를 향방 없는 것 같이 아니하고 싸우기를 허공을 치는 것 같이 아니하며 내가 내 몸을 쳐 복종하게 함은 내가 남에게 전파한 후에 자신이 도리어 버림을 당할까 두려워함이로다. 바울은 고전 9:24~27에서, 운동장에서 달음질 하는 사람들이 다 달아날 지라도 오직 상 얻는 자는 하나이다. 너희도 얻도록 이와 같이 달음질 하라고 했다.

1) 삶의 목표가 분명해야 된다.
자신의 소위를 분명히 하라. 할 수 있다고 믿고 과거의 실패를 기억하지 말라. 목표를 정했으면 많은 사람에게 알려라. 그 목표 성취를 위해 부단히 작은 일부터 연단해야 한다.

2) 과거의 실패를 기억하지 말라. 이런 사람이 미래를 열어가는 사람이다.

3) 앞에 있는 푯대를 보고 달음질 하라. 바울은 형제들아 너희는 함께

나를 본 받으라 그리고 너희가 우리를 본 받은 것처럼 그와 같이 행하는 자들을 눈여겨 보라고 하셨다.

빌 3:13에서 오직 한 일 뒤엣 것을 잊어버리고 앞에 있는 푯대를 잡기 위해 달음질 한다고 했다.

"너희는 이전 일을 기억하지 말며 옛날 일을 생각하지 말라"

사 43:18에서 이전 일을 기억하지 말라 옛 일을 생각하지 말라. 노인은 지난 일만 말한다.

"큰 소리로 이르되 네 발로 바로 일어서라 하니 그 사람이 일어나 걷는 지라"

행 14장에서 나면서 앉은뱅이가 된 사람에게 바울이 일어서라 했을 때 일어났다.

4) 탕자가 아버지에게 돌아왔다. 아버지를 기쁘게 했다. 이기기 위해서는 IQ가 좋아야 하고 지혜가 있어야 하고 기술도 있어야 되고 감도 있어야 한다. 과거에서 해방되고 생생한 현재에 행동하라.

5) 자신과의 싸움에서 이기는 것이 미래를 창조하는 것이다.

바울은 내가 몸을 쳐 복종하는 것이 자기를 돌아보는 것이라고 했다. 나는 죄인이다 생각하고 혁신해야 한다.

아이디어가 있어야 한다. 국제적, 세계적 사람이 되라.

7. 미래의 교회와 미래 교회의 역할

1) 미래 사회의 가치 기준이 모범 역할을 할 것이다.
2) 미래 사회는 봉사하는 일로 모범을 삼아야 한다.
3) 미래 사회를 이끄는 리더가 되어야 한다.
4) 미래 사회는 삶의 질을 향상시켜야 한다.
5) 미래 사회는 생명을 존중히 여기는데 힘을 쏟아야 한다.
6) 신앙생활을 지속할 수 있게 지도하고 이끌어야 한다.
7) 미래 사회는 새 구원의 역사를 형상화하는 데 역할을 해야 한다.

"사람들이 예수께서 만져주심을 바라고 어린 아이들을 데리고 오매 제자들이 꾸짖거늘 예수께서 보시고 노하시어 이르시되 어린 아이들이 내게 오는 것을 용납하고 금하지 말라 하나님의 나라가 이런 자의 것이니라 내가 진실로 너희에게 이르노니 누구든지 하나님의 나라를 어린 아이와 같이 받들지 않는 자는 결단코 그 곳에 들어가지 못하리라 하시고 그 어린 아이들을 안고 그들 위에 안수하시고 축복하시니라"

전도해야 하는 것이다.

미래를 준비하는 사람은 **막 10:13~16과 같이** 복음을 전파하는 사람이다. 이 세 교육에 전심 전력을 다 해야 한다. 축복받도록 가르치라! 미래를 향해 열린 교회가 되라! 종말을 준비하고 미래 지향적으로 사는 삶으로 개혁하는 교회, 그러한 교회가 미래를 열어가는 교회이다.

8. 게으른 자여, 개미에게 가서 그가 하는 것을 보고 지혜를 얻으라!

개미는 두령도 없고 감독자도 없고 통치자도 없으되

먹을 것을 여름 동안에 예비하며 추수 때에 양식을 모으느니라

게으른 자여 네가 어느 때까지 누워 있겠느냐 네가 어느 때에 잠이 깨어 일어나겠느냐

좀더 자자, 좀더 졸자, 손을 모으고 좀더 누워 있자 하면

네 빈궁이 강도 같이 오며 네 곤핍이 군사 같이 이르리라

불량하고 악한 자는 구부러진 말을 하고 다니며

눈짓을 하며 발로 뜻을 보이며 손가락질을 하며

그의 마음에 패역을 품으며 항상 악을 꾀하여 다툼을 일으키는 자라

그러므로 그의 재앙이 갑자기 내려 당장에 멸망하여 살릴 길이 없으리라

미래를 준비하는 사람은 잠 6:6~15에서,

1) 때를 놓치지 마라. 보람된 삶을 살기 위하여 실력을 겸비하고 미래를 대비해야 한다.

개미는 먹을 것을 준비하고 추수 때에 양식을 모은다.

기도를 못하여 때를 놓친 사람, 봉사의 때를 놓친 사람들이 있다. 젊었을 때에 조물주를 기억하라고 했다.

2) 부지런하여 게으르지 말고, 전심 전력으로 하나님을 섬기라.

잠언서에는 깨어난 자는 어느 때까지 눕겠느냐, 꿈과 목표를 세워도 실천이 없다고 한탄했다.

땀과 눈물 없이는 성공 못한다.

미래를 닫아가기 위해 불성실한 생활을 하는 것이 죄이다.

3) 전문인이 되어야 한다.

노루가 사냥꾼의 손에서 벗어남 같이 새가 그물에서 벗어남 같이 벗어날 것을 다 벗어나야 한다.

하나님이 미워하시는 것, 하나님이 싫어하시는 것, 행치 말고 기뻐하시는 일에 순종하자.

중심에 하나님이 계시고, 인생들이 하나님 앞에 달음질 잘 해야 한다. 삶의 기준이 하나님이요, 하나님을 내 인생의 자원으로 삼고 성실히 준비하자.

내일을 위해 오늘 땀 흘리고, 눈물 흘리고 피를 쏟을 줄 아는 사람이 미래를 여는 사람이 된다.

모세는 여호수아를 통해, 엘리야는 엘리사를 통해 후계자로 미래를 열었다.

미래를 보는 지도자는 지금의 죄가 미래의 저주와 포로와 홍수와 한재도 예비할 수 있다.

여호수아와 갈렙은 이스라엘을 축복의 땅으로 인도했다.

유다의 죄는 바벨론의 포로가 되고 미래를 닫는 사람은 하나님께 드리는 것 눈 먼 것, 십일조 헌물도 도적한다.

먼 페르시아에서 별을 보고 메시야를 찾아왔던 그들이 예루살렘에 들어와 인간적인 생각이 들었다. 왕은 궁중에서 산다는 생각에 헤롯궁을 찾았다. 그리스도를 찾았을 때 헤롯 궁에 소동이 일어났다. 그리스도가 어디에서 낳겠나 물었을 때 유대 땅 베들레헴이라 했다. 알고도 찾아 가지 않았다. 아기가 낳았을 때 경배하고 다른 길로 갔다.

우리 모두 미래를 열어가는 신앙으로 주님 일에 충성하자.

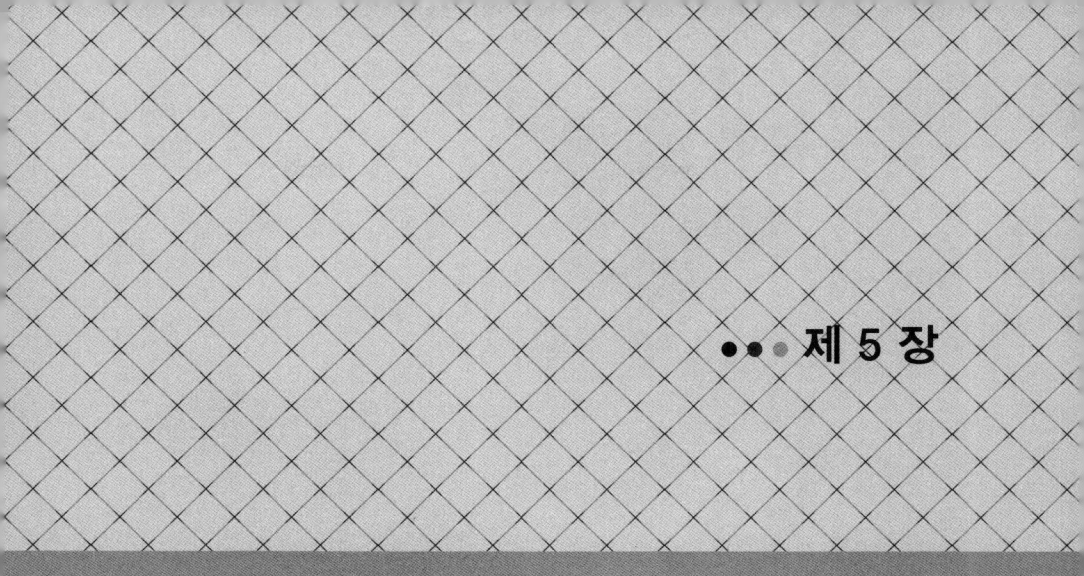

제 5 장

교회다운 교회
(행 2:46~47)

● ● ● 제 5 장

교회다운 교회 (행 2:46~47)

1. 전혀 기도하기를 힘쓰므로
2. 하나님을 찬미하는 교회가 교회다운 교회이다.
3. 교회다운 교회는 모이기를 힘쓰는 교회이다(46절).
4. 백성들의 칭송을 받는 교회가 교회다운 교회이다(47절).
5. 신령한 제사를 드리는 거룩한 제사장이 되라.
6. 텅 빈 마음에 그리스도를 채우는 삶을 살자.
7. 삶으로 나타나는 교회가 교회다운 교회이다.

● ● ● 제 5 장
교회다운 교회
(행 2:46~47)

"날마다 마음을 같이 하여 성전에 모이기를 힘쓰고 집에서 떡을 떼며 기쁨과 순전한 마음으로 음식을 먹고 하나님을 찬미하며 또 온 백성에게 칭송을 받으니 주께서 구원받는 사람을 날마다 더하게 하시니라"(행 2:46~47)

1. 전혀 기도하기를 힘쓰므로

성령 충만함 받는 교회가 교회다운 교회이다.
그래서 초대교회가 세워졌다.

1) 엘리야는 기도로 제단에 불을 붙였다.
2) 3년 6개월 가뭄에 축복의 단비를 쏟아 붓게 하는 기도가 필요하다.
3) 기도하기를 힘쓰므로 성령 충만한 교회가 교회다운 교회이다.

2. 하나님을 찬미하는 교회가 교회다운 교회이다.

1) 감사함으로 그의 문에 들어가며 찬송함으로 그의 궁정에 들어가서 그에게 감사하며 그의 이름을 송축할지어다.
　시 100편에서 찬송으로 천국 문에 들어간다고 했다.
2) 하나님은 이스라엘의 찬송 중에 거하신다고 했다.
3) 감사함으로 하나님의 궁전에 들어간다고 했다.
4) 여호사밧 왕은 수많은 연합군 앞에서 성가대를 조직하여 성가를 부르므로 전쟁에 승리했다.

5) 예루살렘 교회는 찬미하는 교회로 부흥되었다.

3. 교회다운 교회는 모이기를 힘쓰는 교회이다(46절).

1) 날마다 마음을 같이 하여 모이기를 힘쓰는 교회
2) 하나님과 교제가 이루어지는 교회
3) 예배를 통해서 말씀을 듣고, 하나님을 깨닫는 사람들이 모이는 곳이 교회이다.
4) 이웃과 교제하고 기쁨과 정성으로 음식을 먹었다.(46절)
먹을 것을 나누는 교회, 친교가 있는 코이노니아이다.
5) 표적이 나타나는 교회이다.
변화가 일어났다.
사람을 변화시키는 교회가 교회다운 교회이다.
건강 없는 자가 더욱 건강해지고 소망 없는 자가 소망을 갖게 되고 잠자는 자가 깨어 일어나고, 죽은 나사로도 장사된 지 사흘 만에 일어났다.
6) 기쁨이 충만한 교회(46절)

예수 이름으로 모여 하나님과 교제하고 성도들이 사랑을 나누는 기쁨의 열매 맺는 교회가 교회다운 교회이다.

4. 백성들의 칭송을 받는 교회가 교회다운 교회이다(47절).

현재의 교회는 칭송이 아니라 욕을 먹고 있으며 기독교를 개독교라고 호되게 욕설을 퍼붓는다.
그리스도인이 모이고 하나님을 믿고 함께 나누는 교회가 교회다운 교회이다.

"그러므로 모든 악독과 모든 기만과 외식과 시기와 모든 비방하는 말을 버리고 갓난 아기들 같이 순전하고 신령한 젖을 사모하라 이는 그로 말미암아 너희로 구원에 이르도록 자라게 하려 함이라 너희가 주의 인자하심을 맛보았으면 그리하라 사람에게는 버린 바가 되었으나 하나님께는 택하심을 입은 보배로운 산 돌이신 예수께 나아가 너희도 산 돌 같이 신령한 집으로 세워지고 예수 그리스도로 말미암아 하나님이 기쁘게 받으실 신령한 제사를 드릴 거룩한 제사장이 될지니라 성경에 기록되었으되 보라 내가 택한 보배로운 모퉁잇돌을 시온에 두노니 그를 믿는 자는 부끄러움을 당하지 아니하리라 하였으니 그러므로 믿는 너희에게는 보배이나 믿지 아니하는 자에게는 건축자들이 버린 그 돌이 모퉁이의 머릿돌이 되고 또한 부딪치는 돌과 걸려 넘어지게 하는 바위가 되었다 하였느니라 그들이 말씀을 순종하지 아니하므로 넘어지나니 이는 그들을 이렇게 정하신 것이라 그러나 너희는 택하신 족속이요 왕 같은 제사장들이요 거룩한 나라요 그의 소유가 된 백성이니 이는 너희를 어두운 데서 불러내어 그의 기이한 빛에 들어가게 하신 이의 아름다운 덕을 선포하게 하려 하심이라 너희가 전에는 백성이 아니더니 이제는 하나님의 백성이요 전에는 긍휼을 얻지 못하였더니 이제는 긍휼을 얻은 자니라" (벧전 2:1~10)

그리스도인다운 삶을 사는 것이다

1) 언제나 신령한 도의 젖을 사모하는 삶이다.

2) 구원에 이르는 삶이다.
행 16:31, 주 예수를 믿으라 그리하면 너와 네 집이 구원을 얻으리라
요 3:16, 누구든지 저를 믿으면 영생을 얻으리라 했다.

3) 믿음이 없이는 하나님을 기쁘시게 하지 못하나니 하나님께 나아가는 자는 반드시 그가 계신 것과 또한 그가 자기를 찾는 자들에게 상 주시는 이심을 믿어야 할지니라
믿음이 없이는 하나님을 기쁘시게 못한다고 했다(히 11:6).

믿음이 자라나는 사람이 그리스도인이다.

사람에게 버린 바 되어도 하나님께는 택하심을 입은 보배로운 산 등불이라 했다.

5. 신령한 제사를 드리는 거룩한 제사장이 되라.

만인 제사장의 원리

택하신 족속이요 왕 같은 제사장이요 거룩한 나라요 그의 소유된 백성이요 어두운 데서 불러내어 아름다운 덕을 선전하게 하려 함이라

1) 그리스도에게 까지 성장되도록 해야 한다.

성장을 방해하는 것은 계휼과 외식과 비방이다. 이 시대는 영적 혼합이 이루어지고 있다. 우리 믿는 자들이 책임을 다 해야 한다.

2) 사는 것도 그리스도요 죽는 것도 유익함이라 했다(빌 1:21).

3) 뜻을 같이 하여 한 마음을 품는 그리스도인이 마음을 품어야 그리스도 예수를 닮아 간다.

4) 각각 자기 일을 돌아보라.

도덕성이 있는 교회가 되어야 된다. 요셉은 보디발의 아내의 동침을 거부했다.

"그리스도인은 예수님께 속한 사람이다. 무릇 지킬 만한 것 중 더욱 네 마음을 지키라 생명의 근원이 이에서 남이라"(잠 4:23)

6. 텅 빈 마음에 그리스도를 채우는 삶을 살자.

"바나바가 데리고 사도들에게 가서 그가 길에서 어떻게 주를 보았는지와 주께서 그에게 말씀하신 일과 다메섹에서 그가 어떻게 예수의 이름으로 담대히 말하였는지를 전하니라 사울이 제자들과 함께 있어 예루살렘에 출입하며 또 주 예수의 이름으로 담대히 말하고 헬라파 유대인들과 함께 말하며 변론하니 그 사람들이 죽이려고 힘쓰거늘 형제들이 알고 가이사랴로 데리고 내려가서 다소로 보내니라 그리하여 온 유대와 갈릴리와 사마리아 교회가 평안하여 든든히 서가고 주를 경외함과 성령의 위로로 진행하여 수가 더 많아지니라"

행 9:27~31에서, 안디옥에서 그리스도인이라는 말을 들었다.
바나바가 사울을 만나매 안디옥에 데리고 와서 둘이 교회에 일년간 모여 있어 큰 무리를 가르쳤고 제자들이 안디옥에서 비로소 그리스도인이라 일컬음을 받게 되었다.

그리스도께 속한 사람은, 행 11:26에서, 그리스도인 다운 사람이 있는 반면, 그렇지 못한 사람이 있다.

그리스도인은 그리스도와 함께 하는 사람이다. 베드로, 안드레는 고기와 그물과 배를 버리고, 주님과 함께 하는 삶을 살았다.

세례 요한은 보라 하나님의 어린 양이라 했다.

형제로 함께 살고 함께 제자가 되고 함께 순교했다.

안드레는 아가야에서 전도하다가 곱셈표자로 못 박혀 순교했다.

베드로는 로마에서 거꾸로 십자가에 못 박혔다.

진실로 다시 너희에게 이르노니 너희 중의 두 사람이 땅에서 합심하여 무엇이든지 구하면 하늘에 계신 내 아버지께서 그들을 위하여 이루게 하신다고 하셨다.

마 18:19에서, 너희 중에 두 사람이 땅에서 합심하여 구하면 하나님께서 이루어주신다고 했다. 두 세 사람이 모이는 곳에 나도 그들과 함께 하신다고 하셨다. 그러므로 예수 이름으로 모이는 성도들이 되기를 바란다.

그리스도인은 끈질긴 생활이 필요하다. 믿음의 삶이 끈질긴 삶이다. 저희가 일군인가 나도 그러하고 수고를 넘치도록 하고 옥에 갇히기도 하고 매도 수없이 맞고 여러 번 죽을 뻔 하고 유대인에게서 40에 하나씩 감한 퇴장을 다섯 번 매를 다섯 번 세 번 퇴장으로 맞고 한 번 돌로 맞고, 세 번 파손하는 데서 일 주야를 깊은 데서 지냈으며, 여러 번 여행의 위험과 강의 위험과 강도의 위험과 동족의 위험과 이방인의 위험과 광야의 위험과 바다의 위험과 거짓 형제의 위험과 수고와 애쓰고 여러 번 자지 못하고 주리고 목마르고 여러 번 굶고 춥고 헐벗었다고 했다.

소경이 주님께 끈질기게 매달려 눈을 떴다. 수로보니게 여인은 딸을 위해서 개 취급을 받아도 "옳습니다. 개도 주인의 상 아래에서 떨어지는 부스러기를 먹나이다."그러니 이스라엘 중에서 이만한 믿음을 만나보지 못하였노라 하면서 고쳐주셨다.

엘리야의 하인 엘리사는 끈질기게 따라나서 성령을 갑절이나 받았다. 엘리야의 끈질긴 기도는 3년6개월 가뭄에 7번 기도로 단비가 내려졌다.

전파하는 삶을 끈질기게 찾아나섰다.

7. 삶으로 나타나는 교회가 교회다운 교회이다.

1) 비전을 가져야 한다.

교회의 비전은 이스라엘처럼 성전 중심, 말씀 중심, 신앙 중심으로 살아야 교회다운 교회가 된다.

요셉의 꿈은 그 꿈을 이루기 위해서 17세에 노예로 팔려가 10년 동안 보디발의 집에서 노예로, 사정 총무로 억울하게 감옥 가서 3년, 30세에 애굽의 총리 대신이 되었다.

야곱의 꿈은 하늘에 닿는 사닥다리에서 천사가 오르락 내리락 하는 꿈을 꾸고 하나님을 만나고 하나님이 내가 너와 함께 하마는 약속을 받았다.

다윗은 성전을 짓겠다 했는데 솔로몬이 이루었다. 십일조를 드린다 했다.

수천 년 이후 오늘날도 십일조 드리는 삶이 축복받는 삶이다.

아브라함도 큰 축복의 본을 보였다. 독자 이삭을 드리라 했을 때 의심 없이 드리려 했을 때 이제야 네가 나를 사랑하는 구나 칭찬을 받았다.

베드로의 꿈은 고기 많이 잡아 낡은 배 고치고 집 짓고 그물도 새 것으로 바꾸는 것이었다. 그러나 예수님을 만나 다 버리고 주님을 따라 나섰다.

2) 비전이 없는 사람은 뭐가 어떻게 되었는지 모르는 큰 비극적인 사람이 될 것이다.

기독교는 눈에 보이지 않는 것 보는 것 같은 비전의 종교이다.

3) 바울은 거룩한 비전이 있었다.

목표를 설정하고 당시 세계의 중심 도시 로마로 향하는 비전이다.

서바나 스페인이 1차 목표요. 목표를 이루기 위해 최선을 다했다.

4) 자신을 점검해봐야 한다.

베드로는 주님에게 나는 죄인이라고 했으며 바울은 죄인 중의 괴수라 했고, 바울의 동역자는 남자 여자도 있었다.

목숨을 건 동역자, 브리스길라와 아굴라도 있었다. 이들은 교회다운 교회를 세우는 일에 적극적으로 협력하는 자가 되었다.

우리도 교회다운 교회가 되기 위해서는 적극적인 협력자가 되어야 한다.

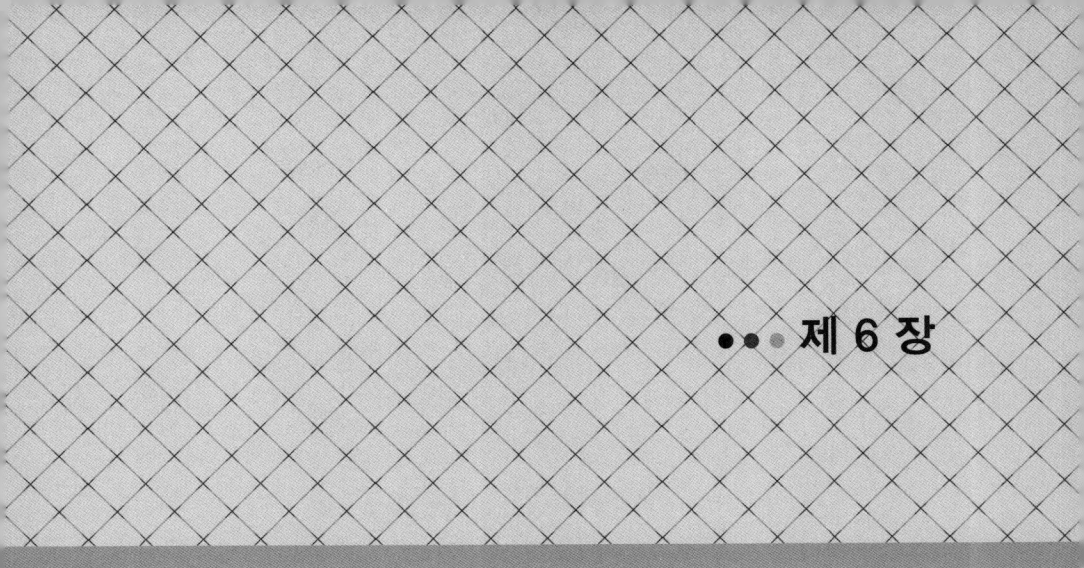

하나님이 요구하시는 것들
(신 10:12~13)

● ● ● 제 6 장

하나님이 요구하시는 것들 (신 10:12~13)

1. 하나님을 경외하기를 원하신다.
2. 하나님 사랑하기를 원하신다.
3. 하나님을 섬기기를 원하신다(12절).
4. 하나님의 명령과 규례를 지키는 자가 되기를 원하신다(1절).
5. 하나님께 서원한 것 갚으라.
6. 하나님이 원하시는 것은 예물을 드리는 것이다.
7. 하나님의 성물, 첫 열매를 원하신다.
8. 성령을 근심케 하지 말라.
9. 우리 심령 성전에 도비야를 정리하자.

●●● 제 6 장
하나님이 요구하시는 것들
(신 10:12~13)

이스라엘아 네 하나님 여호와께서 네게 요구하시는 것이 무엇이냐 곧 네 하나님 여호와를 경외하여 그의 모든 도를 행하고 그를 사랑하며 마음을 다하고 뜻을 다하여 네 하나님 여호와를 섬기고 내가 오늘 네 행복을 위하여 네게 명하는 여호와의 명령과 규례를 지킬 것이 아니냐(신 10:12~13)

이스라엘아 너희 하나님 여호와께서 너희에게 요구하시는 것이 무엇인가?

부모들이 자식들에게 요구하는 것은 효도이다.

하나님이 이스라엘을 택하신 것은 그 백성을 통하여 영광 받으시고 하나님의 뜻을 이루기 위함이다. 선택도 커지면 의무도 중요하다.

이삭이 노년에 죽음을 앞두고 장자에게 별미를 요구했다. 하나님이 그 백성에게 요구하시는 것이 있다.

하나님의 요구를 알고 이루어드리는 것이 무엇인지 알아보자.

1. 하나님을 경외하기를 원하신다.

1) 지혜와 훈계를 듣고 따르기를 원하신다. 여호와를 경외하는 것이 지식의 근본이거늘 미련한 자는 지혜와 훈계를 멸시한다고 했다.(잠 1:7)

여호와를 경외하는 것은 지식의 근본이다.

자식들이 부모님께 존경심이 있어야 효도할 수 있다.

사무엘은 하나님을 경외하다가 하나님의 음성을 들었고, 욥은 하나님을 경외하다가 갑절의 축복을 받았다.

2) 그 무엇보다 하나님 사랑하기를 원하신다. 사자가 이르시되 그 아이에게 네 손을 대지 말라 그에게 아무 일도 하지 말라 네가 네 아들 네 독자까지도 내게 아끼지 아니하였으니 내가 이제야 네가 하나님을 경외하는 줄을 아노라(창 22:12)

아브라함이 독자를 모리아산 제단에서 칼로 이삭을 치려할 때 아브라함아 아브라함아 이제야 네가 나를 경외하는구나 하셨다.

3) 하나님의 말씀에 순종하기를 원하신다. 너희가 만일 여호와를 경외하여 그를 섬기며 그의 목소리를 듣고 여호와의 명령을 거역하지 아니하며 또 너희와 너희를 다스리는 왕이 너희의 하나님 여호와를 따르면 좋겠지마는(삼상 12:14)

경외하고 명령을 지키는 자는 사무엘상 12:14에서, 아합이 왕궁 맡은 자 오바댜를 불렀으니 이 오바댜는 여호와를 지극히 경외하는 자라
오바댜는 하나님을 경외했다고 왕상 18:3에서, 아합이 핍박 중이라도 성도를 보호했다. 엘리야 외에 7천명을 숨겼다.

4) 성결하고 진실되고 악에서 떠나기를 원하신다. 우스 땅에 욥이라 불리는 사람이 있었는데 그 사람은 온전하고 정직하여 하나님을 경외하며 악에서 떠난 자더라(욥 1:1)
욥 1:1에서, 하나님을 경외하고 악에서 떠난 자라고 했다.

5) 항상 깨어 기도하기를 원하신다. 겸손과 여호와를 경외함의 보상은 재물과 영광과 생명이니라(잠 22:4)
하나님을 경외하는 자의 보응은 잠 22:4에서, 하나님을 경외한 요셉은

신의 감동된 자가 되었다.
　하나님을 경외한 하나냐와 미사엘과 아사랴는 불 가운데서도 함께하셨다.
　다니엘은 사자 굴에서도 함께하시고 보호해주셨다.
　안나와 시므온은 하나님을 경외함으로 이스라엘의 위로자를 기다리는 자가 되었다.
　성전을 떠나지 않고 주야에 금식하며 기도하며 받들어 섬기더니 성령이 함께 하심으로 예언하여 말하기를 메시야를 보기 전에는 죽지 않으리라 한 그대로 메시야를 증거했다.
　백부장 고넬료는 경건하여 온 집으로 더불어 하나님을 경외하고 백성을 많이 구제하고 하나님께 항상 기도하더니 천사가 나타나 구원의 길을 바울을 통해서 얻게 되었다.

2. 하나님 사랑하기를 원하신다.

　본문 12절에서, 이스라엘아 네 하나님 여호와께서 네게 요구하시는 것이 무엇이냐 곧 네 하나님 여호와를 경외하여 그의 모든 도를 행하고 그를 사랑하며 마음을 다하고 뜻을 다하여 네 하나님 여호와를 섬기는 것이라고 했다.

하나님은 사랑이시라(요일 4:8)
　"사랑하지 아니하는 자는 하나님을 알지 못하나니 이는 하나님은 사랑이심이라"

1) 모든 사람이 사랑하기를 원하신다.
　하나님이 우리를 사랑하신 것처럼 우리도 사랑으로 복음을 증거하면서 살아야 한다.

2) 하나님은 사랑하고 이웃을 사랑하라.

예수께서 이르시되 네 마음을 다하고 목숨을 다하고 뜻을 다하여 주 너의 하나님을 사랑하라 하셨으니 이것이 크고 첫째 되는 계명이요 둘째도 그와 같으니 네 이웃을 네 자신 같이 사랑하라 하셨으니 이 두 계명이 온 율법과 선지자의 강령이니라(마 22:37)

하나님을 사랑하고 이웃을 사랑하는 것이 마 22:37~40에서, 마음을 다하고 목숨을 다하고 뜻을 다하여 네 하나님 여호와를 사랑하라고 하셨다. 이는 율법과 선지자의 대강령이다.

3) 나의 힘이신 여호와여 내가 주를 사랑하나이다.
다윗은 "내가 주를 사랑하나이다"(시 18:1)라고 고백했다.

4) 그런즉 믿음, 소망, 사랑, 이 세 가지는 항상 있을 것인데 그 중의 제일은 사랑이라 믿음, 소망, 사랑, 그 중에 제일은 사랑이라(고전 13:13)

5) 낮의 해가 너를 상하게 하지 아니하며 밤의 달도 너를 해치지 아니하리로다 예루살렘을 사랑하는 자는 형통함을 입을 것이다(시 121:6).

6) 나를 사랑하는 자들이 나의 사랑을 입으며 나를 간절히 찾는 자가 나를 만날 것이니라 하나님을 사랑하는 자가 하나님의 사랑을 입는다(잠 8:17).

"이 네 동생은 죽었다가 살아났으며 내가 잃었다가 얻었기로 우리가 즐거워하고 기뻐하는 것이 마땅하다 하니라" 눅 15장에서, 탕자가 돌아올 때 아버지의 사랑을 받았다.

"여호와께서 이르시되 내가 너희를 사랑하였노라 하나 너희는 이르기를 주께서 어떻게 우리를 사랑하셨나이까 하는도다 나 여호와가 말하노라 에서는 야곱의 형이 아니냐 그러나 내가 야곱을 사랑하였고" 말 1:2에서는 야곱을 사랑하고 에서를 미워하였다고 했다.

7) 우상의 제물에 대하여는 우리가 다 지식이 있는 줄을 아나 지식은 교만하게 하며 사랑은 덕을 세우나니 덕을 세우는 것은 사랑에서부터 이루어진다(고전 8:1).

"만일 누구든지 주를 사랑하지 아니하면 저주를 받을지어다 우리 주여 오시옵소서" 고전 16:22에서, 주를 사랑하지 않거든 저주를 받으리라고 했다.

8) 하나님을 사랑하는 것은 이것이니 우리가 그의 계명들을 지키는 것이라 그의 계명들은 무거운 것이 아니로다.

요일 5:3에서, 하나님을 사랑하는 것은 그 계명을 지키는 것이다.
"무릇 내가 사랑하는 자를 책망하여 징계하노니 그러므로 네가 열심을 내라 회개하라"

계 3:19에서, 주님의 사랑을 입는 자에게는 책망이 뒤따라온다.

3. 하나님을 섬기기를 원하신다(12절).

"이스라엘아 네 하나님 여호와께서 네게 요구하시는 것이 무엇이냐 곧 네 하나님 여호와를 경외하여 그의 모든 도를 행하고 그를 사랑하며 마음을 다하고 뜻을 다하여 네 하나님 여호와를 섬기고"

1) 마음을 다해 하나님을 섬기라.

"예수께서 이르시되 네 마음을 다하고 목숨을 다하고 뜻을 다하여 주 너의 하나님을 사랑하라 하셨으니"(마 22:37)

2) 제자의 발을 씻기시고 그들을 사랑하셨다.

마 22:37에서, 주님은 섬김을 받으려 함이 아니라 섬기려 오셨다.

3) 내 명령을 지키라 마음 속에 두고 자손에게 부지런히 가르치고 네 집에 앉았을 때에나 길을 갈 때에나 누웠을 때나 일어날 때 말씀을 강론하고 네 손목에 매어 기호로 삼고 미간에 붙여 표로 삼고 문설주에 기록하라.

"오늘 내가 네게 명하는 이 말씀을 너는 마음에 새기고 네 자녀에게 부지런히 가르치며 집에 앉았을 때에든지 길을 갈 때에든지 누워 있을 때에든지 일어날 때에든지 이 말씀을 강론할 것이며 너는 또 그것을 네 손목에 매어 기호를 삼으며 네 미간에 붙여 표로 삼고 또 네 집 문설주와 바깥 문에 기록할지니라 네 하나님 여호와께서 네 조상 아브라함과 이삭과 야곱을 향하여 네게 주리라 맹세하신 땅으로 너를 들어가게 하시고 네가 건축하지 아니한 크고 아름다운 성읍을 얻게 하시며 네가 채우지 아니한 아름다운 물건이 가득한 집을 얻게 하시며 네가 파지 아니한 우물을 차지하게 하시며 네가 심지 아니한 포도원과 감람나무를 차지하게 하사 네게 배불리 먹게 하실 때에 너는 조심하여 너를 애굽 땅 종 되었던 집에서 인도하여 내신 여호와를 잊지 말고 네 하나님 여호와를 경외하며 그를 섬기며 그의 이름으로 맹세할 것이니라"(신 6:6~13)

신 6:6~13에서, 아브라함이 이삭에게 이삭은 야곱에게 맹세한 땅에 들어가서 크고 아름다운 집을 주실 때, 네가 채우지 아니한 물건을 가득히 채우고 파지 아니한 우물을 심지 아니한 포도원을 감람나무의 열매를 먹고 배부를 때 하나님을 두려워하며 섬기며 그 이름으로 맹세하라고 하셨다.

4) 어린 사무엘이 엘리 앞에서 하나님을 섬겼더라.

"엘가나는 라마의 자기 집으로 돌아가고 그 아이는 제사장 엘리 앞에서 여호와를 섬기니라"(삼상 2:11)

5) 여호와의 영문에서 섬기고 감사하라.

"히스기야가 제사장들과 레위 사람들의 반열을 정하고 그들의 반열에 따라 각각 그들의 직임을 행하게 하되 곧 제사장들과 레위 사람들에게 번제와 화목제를 드리며 여호와의 휘장 문에서 섬기며 감사하며 찬송하게 하고"(대하 31:2)

6) 말씀을 청종하면서 섬기면 형통하리라.

"그것은 참으로 음란한 일이니 재판에 회부할 죄악이요"(욥 31:11)

7) 나를 섬기는 자는 번성케 하리라.

"너희는 내 백성이 되겠고 나는 너희들의 하나님이 되리라"(렘 30:22)

8) "느부갓네살이 다니엘에게 네가 항상 섬기는 하나님이 너를 지켜주시더냐?

이에 총리들과 고관들이 모여 왕에게 나아가서 그에게 말하되 다리오 왕이여 만수무강 하옵소서"(단 6:6)

9) 말세가 되면 하나님 섬기는 것이 헛되다 한다.

"이는 너희가 말하기를 하나님을 섬기는 것이 헛되니 만군의 여호와 앞에서 그 명령을 지키며 슬프게 행하는 것이 무엇이 유익하리요"(말 3:14)

10) 금식하고 기도함으로 섬기더니 예수 그리스도를 만났다.

"과부가 되고 팔십사 세가 되었더라 이 사람이 성전을 떠나지 아니하고 주야로 금식하며 기도함으로 섬기더니"(눅 2:37)

11) 나를 섬기면 내 아버지께서 그를 귀히 여기시리라.

"사람이 나를 섬기려면 나를 따르라 나 있는 곳에 나를 섬기는 자도 거기 있으리니 사람이 나를 섬기면 내 아버지께서 그를 귀히 여기시리라"(요 12:26)

12) 그만 경외하고 그만 섬기라.

"이에 예수께서 말씀하시되 사탄아 물러가라 기록되었으되 주 너의 하나님께 경배하고 다만 그를 섬기라 하였느니라"(마 4:10)

13) 주님을 섬겨 금식할 때에 성령이 길을 가르쳐주신다.

"주를 섬겨 금식할 때에 성령이 이르시되 내가 불러 시키는 일을 위하여 바나바와 사울을 따로 세우라 하시니"(행 13:2)

14) 열심을 품고 주를 섬기라.

"부지런하여 게으르지 말고 열심을 품고 주를 섬기라"(롬 12:11)

4. 하나님의 명령과 규례를 지키는 자가 되기를 원하신다. (본문 13절).

"내가 오늘 네 행복을 위하여 네게 명하는 여호와의 명령과 규례를 지킬 것이 아니냐"

1) 명령에 순종하는 자가 되어야 한다.

2) 아브라함은 본토와 친척과 아비 집을 떠나고 독자 이삭을 드렸다.

말씀에 철저히 순종하여 믿음의 조상이 되었다.

사울 왕이 범죄한 것을 두고 사무엘 선지자는 순종이 제사보다 낫고 듣는 것이 수양의 기름보다 낫다고 했다.

교회의 규례는 모든 예배에 빠지지 않고 순종해야 한다.

3) 서원한 것은 이루기를 원하신다.

서원하여 바친 사람이 거부할 때 죽이라 했다.

서원한 것은 해로운 것이라도 그대로 지키라 했다.

"이스라엘 자손에게 전하여 그들에게 이르라 남자나 여자가 특별한 서원 곧 나실인의 서원을 하고 자기 몸을 구별하여 여호와께 드리려고 하면"(민 6:2)

서원한 나실인은 변하지 않아야 한다.

4) 한나는 아들을 주시면 하나님께 바치겠다고 서원했다.

사무엘이 젖을 떼고 성전에 갖다 바쳤다.

"서원하여 이르되 만군의 여호와여 만일 주의 여종의 고통을 돌보시고 나를 기억하사 주의 여종을 잊지 아니하시고 주의 여종에게 아들을 주시면 내가 그의 평생에 그를 여호와께 드리고 삭도를 그의 머리에 대지 아니하겠나이다"(삼상 1:11)

5. 하나님께 서원한 것 갚으라.

"네가 하나님께 서원하였거든 갚기를 더디게 하지 말라 하나님은 우매한 자들을 기뻐하지 아니하시나니 서원한 것을 갚으라"(전 5:4)

6. 하나님이 원하시는 것은 예물을 드리는 것이다.

1) 네 마음이 있는 곳에 물질이 있다.
"네 보물 있는 그 곳에는 네 마음도 있느니라"(마 6:21)

2) 하나님 앞에 나올 때 공수로 오지 말라.
"너의 가운데 모든 남자는 일 년에 세 번 곧 무교절과 칠칠절과 초막절에 네 하나님 여호와께서 택하신 곳에서 여호와를 뵈옵되 빈손으로 여호와를 뵈옵지 말고"(신 16:16)

3) 사랑하는 자에게는 예물이 따른다.
"제사직을 행할 때에 입는 정교하게 짠 의복 곧 제사장 아론의 성의와 그의 아들들의 옷과"(출 31:10)
아침마다 자원하는 예물, 성소를 위해 바치는 자의 축복에 대해서 말씀하셨다.

4) 힘을 다하여 자원하는 마음으로 예물을 드리라.
"내가 처음과 같이 사십 주 사십 야를 산에 머물렀고 그 때에도 여호와께서 내 말을 들으사 너를 참아 멸하지 아니하시고"(신 10:10)

5) 예물을 드리기 전 형제와 화목하고 드리라.
"예물을 제단 앞에 두고 먼저 가서 형제와 화목하고 그 후에 와서 예물을 드리라"(마 5:24)

6) 성전을 위하여 예물을 즐거이 드리라.

"내가 유다와 예루살렘의 모든 주민들 위에 손을 펴서 남아 있는 바알을 그 곳에서 멸절하며 그마림이란 이름과 및 그 제사장들을 아울러 멸절하며"(습 1:4)

7. 하나님의 성물, 첫 열매를 원하신다.

"주 여호와의 말씀이니라 이스라엘 온 족속이 그 땅에 있어서 내 거룩한 산 곧 이스라엘의 높은 산에서 다 나를 섬기리니 거기에서 내가 그들을 기쁘게 받을지라 거기에서 너희 예물과 너희가 드리는 첫 열매와 너희 모든 성물을 요구하리라"(겔 20:40)

"네 제물과 소산물의 처음 익은 열매를 드리라 창고가 가득하고 그릇에 새 포도즙이 넘치리라"(잠 3:9-10)

현대 교회는 예물을 잊은 지 오래이다.
시장하신 주님은 무화과나무에 열매가 없어 저주함으로 시들어버렸다.
하나님이 원하시는 것은 아브라함처럼 본토와 친척과 아비 집을 떠나 얻은 독자도 드릴 만큼 믿음의 조상처럼 살아가자.
사울 왕은 아말렉을 멸하고 좋은 것은 자신이 갖고, 하나님이 원하시는 것을 드리지 않았다. 하나님이 원하시는 것은 주일성수와 감사하며 초생물을 드리는 것이다.

8. 성령을 근심케 하지 말라.

"하나님의 성령을 근심하게 하지 말라 그 안에서 너희가 구원의 날까지 인치심을 받았느니라"(엡 4:30)
"땅 위에 사람 지으셨음을 한탄하사 마음에 근심하시고"(창 6:6)

창 6:6에서, 사람 창조하신 것을 한탄하사 마음에 근심하셨다고 했다. 하나님을 근심케 한 사람들을 홍수로 다 멸절했다.

"이에 사무엘이 돌이켜 사울을 따라가매 사울이 여호와께 경배하니라"(삼상 15:31)

이스라엘 제사장 엘리와 홉니와 비느하스에게서 하나님의 신이 떠나간 것을 보고 사무엘이 근심했다.

"하나님이 가는 베 옷을 입은 자에게 명령하시기를 바퀴 사이 곧 그룹들 사이에서 불을 가져 가라 하셨으므로 그가 들어가 바퀴 옆에 서매"(겔 10:6)

죄를 근심하여 떡도 먹지 않았다.

"내가 심히 근심하여 도비야의 세간을 그 방 밖으로 다 내어 던지고"(느 13:8)

9. 우리 심령 성전에 도비야를 정리하자.

1) 유대인 멸절에 에스라의 근심
"이로부터 그 땅 백성이 유다 백성의 손을 약하게 하여 그 건축을 방해하되"(스 4:4)

근심하고 나아가는데 죽으면 죽으리라는 심정으로 왕에게 나아가 아각 사람 함무다다를 죽였다.

사울 왕이 아각 왕을 사로잡아서 아각 사람을 살려줬는데, 선대의 잘못에 후대가 멸절할 뻔 했다.

2) 주님이 얼굴을 가리시니 심히 근심했다.
"마음의 즐거움은 얼굴을 빛나게 하여도 마음의 근심은 심령을 상하게 하느니라"(잠 15:13)

3) 주의 성령을 근심되게 하였으므로 바벨론으로 사로잡혀 갔다.
"그들이 반역하여 주의 성령을 근심하게 하였으므로 그가 돌이켜 그들의 대적이 되사 친히 그들을 치셨더니"(사 63:10)

4) 마음에 근심하지 말라 하나님을 믿으니 또 나를 믿으라.
"내가 아버지 안에 거하고 아버지는 내 안에 계신 것을 네가 믿지 아니하느냐 내가 너희에게 이르는 말은 스스로 하는 것이 아니라 아버지께서 내 안에 계셔서 그의 일을 하시는 것이라"(요 14:10)

5) "근심하는 자 같으나 항상 기뻐하고 가난한 자 같으나 많은 사람을 부요하게 하고 아무 것도 없는 자 같으나 모든 것을 가진 자로다"(고후 6:10)

6) 하나님의 뜻대로 하는 근심은 후회할 것이 없는 구원에 이르게 하고

회개를 이루는 것이요 세상 근심은 사망을 이루는 것이라고 하셨다.

하나님의 뜻대로 하는 근심은 후회할 것이 없는 구원에 이르게 하는 회개를 이루는 것이요 세상 근심은 사망을 이루는 것이니라 보라 하나님의 뜻대로 하게 된 이 근심이 너희로 얼마나 간절하게 하며 얼마나 변증하게 하며 얼마나 분하게 하며 얼마나 두렵게 하며 얼마나 사모하게 하며 얼마나 열심 있게 하며 얼마나 벌하게 하였는가 너희가 그 일에 대하여 일체 너희 자신의 깨끗함을 나타내었느니라(고후 7:10~11)

7) 성령 받지 않고는 하나님을 믿을 수 없다.

"성령이 아시아에서 말씀을 전하지 못하게 하시거늘 그들이 브루기아와 갈라디아 땅으로 다녀가 무시아 앞에 이르러 비두니아로 가고자 애쓰되 예수의 영이 허락하지 아니하시는지라 무시아를 지나 드로아로 내려갔는데 밤에 환상이 바울에게 보이니 마게도냐 사람 하나가 서서 그에게 청하여 이르되 마게도냐로 건너와서 우리를 도우라 하거늘 바울이 그 환상을 보았을 때 우리가 곧 마게도냐로 떠나기를 힘쓰니 이는 하나님이 저 사람들에게 복음을 전하라고 우리를 부르신 줄로 인정함이러라"(행 16:6~10)

성령 받지 않고는 하나님을 믿을 수 없다. 하나님의 영이 내 속에 있지 않으면 그리스도인이 아니다. 죄 지으면 성령이 떠나신다. 성령을 근심케 하는 신자가 되지 말자.

하나님을 기쁘시게 하는 생활은 절제 생활을 해야 한다.

말의 절제, 마음의 절제, 믿음의 절제로 하나님이 원하시는 생활을 하여 축복받기를 축원합니다.

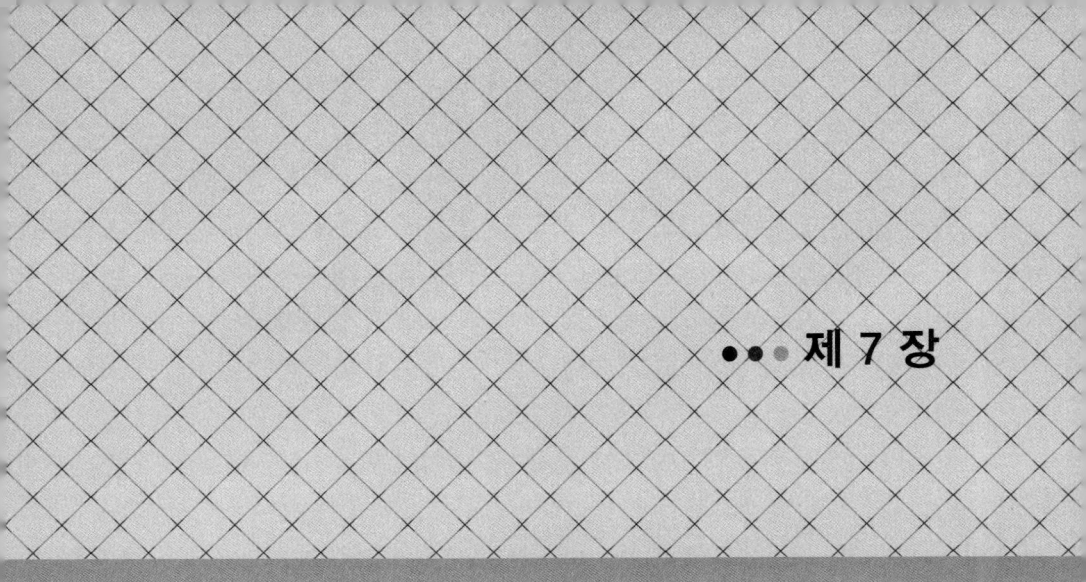

제 7 장

인생의 밤을 만날 때
(행 16:6~10)

● ● ● 제 7 장

인생의 밤을 만날 때 (행 16:6~10)

1. 밤이 없는 아침은 없다.
2. 밤이 오면 새 아침이 온다.
3. 인생의 밤을 지나려면 예수님을 만나야 한다.
4. 밤에 성전에 서 있는 하나님의 종들아.
5. 인생의 밤에 찾아오시는 주님
6. 인생의 위기와 밤을 극복하는 방법
7. 인생의 밤이 지나고 새 사람답게 살아가자.

● ● ● 제 7 장

인생의 밤을 만날 때
(행 16:6~10)

성령이 아시아에서 말씀을 전하지 못하게 하시거늘 그들이 브루기아와 갈라디아 땅으로 다녀가 무시아 앞에 이르러 비두니아로 가고자 애쓰되 예수의 영이 허락하지 아니하시는지라 무시아를 지나 드로아로 내려갔는데 밤에 환상이 바울에게 보이니 마게도냐 사람 하나가 서서 그에게 청하여 이르되 마게도냐로 건너와서 우리를 도우라 하거늘 바울이 그 환상을 보았을 때 우리가 곧 마게도냐로 떠나기를 힘쓰니 이는 하나님이 저 사람들에게 복음을 전하라고 우리를 부르신 줄로 인정함이러라(행 16:6~10)

여종이 점을 쳐서 주인에게 돈을 벌게 해주었다. 바울이 귀신을 쫓아내니 여종 주인이 바울과 실라를 심히 때리고 감옥에 가두었다.

깊은 밤을 맞이했다. 그 때에 찬송과 기도가 감옥에 울려퍼졌다. 갑자기 지진이 나서 옥문이 열리고 착고가 끊어졌다. 옥 사장이 자살을 하려고 할 때에 바울과 실라가 우리는 도망가지 않고 여기 있으니 자살하지 말라며 막았다.

옥 사장이 물었다. "선생들이여 어떻게 구원을 얻을까요?"

"주 예수를 믿으라 그리하면 너와 네 집이 구원을 얻으리라"

역사는 밤에 이루어진다.

겟세마네에서 예수님이 잡히시던 밤에 어둠 속에서 숨가쁘게 진행되는 광란의 밤!

강도를 놓아 주고 예수를 놓아주지 않았다. 예수님을 십자가에 못박고 예루살렘은 적막했다. 따르는 제자들은 허망하게 되었다. 그러나 하나님은 침묵하시지 않았다.

예수님은 부활하셨고 영원한 구주가 되셨다.

새 아침을 열기 위해 유럽의 관문인 빌립보에서 생명의 역사가 열려지고 있었다. 수 많은 밤을 맞이했다. 병마의 밤, 가난의 밤... 그러나 기쁨의 새 아침을 맞이하는 성도들이 되기를 바란다.

1. 밤이 없는 아침은 없다.

1) 드로아에서 사모드리게를 직행하고 네압볼리로 약 250Km, 3~4일이 걸린다.

계획했던 아시아 전도를 성령이 가로 막고 예수의 영이 허락하지 않았다. 모든 길이 차단된 밤을 맞이했다.

2) 그러나 바울은 새 아침을 만났다.

3) 모세는 어둠의 밤이 지나고 하나님의 불을 보고 하나님을 만났다.

80년의 인생을 지나고 남은 40년의 새아침을 열어갔다.

홍해의 밤, 마라의 밤, 원망과 불평의 밤, 가로막는 아말렉, 그러나 손들고 기도함으로 정리했다.

바울이 가는 길은 바닷바람도 순풍으로 변하였다. 바울 일행이 빌립보에 도착했을 때 바닷가에서 기도하는 여인들을 만나 그들을 전도했다.

바울의 비전은 변하지 않았다. "로마도 보아야 하리라"

로마에 입성하여 지하 감옥에 갇혔다. 이 지하 감옥은 천정에서 구멍을 뚫고 위에서 달아내렸다. 위에서 달아내리지 않으면 길이 없다.

(가운데에는 우물이 있다. 그 우물물은 마실 수 없는 물이다. 그 물 왼쪽에는 촛물이 엄청나게 있었다.)

바울은 결국 로마의 언덕 단두대에서 목이 잘려 순교했다. 지금도 1차 목이 떨어진 자리에는 물이 많이 나오고, 2차 목이 떨어질 때에는 적게 나왔다. 상식과 반대이다.

바울은 여러 가지 인생의 밤을 지나고 이 땅에 나를 보내신 하나님의 뜻이 무엇인지 깊이 인지했던 사람이었다.

4) 주의 인도하심을 구하고 무릎꿇고 주님과 교제하는 시간을 가졌다.
하나님의 열심으로 하나님의 손길에 붙잡힌 바 되어야 한다고 깨달았다.
바울은 이방인들과 노예와 여인들에게 복음을 전하는 사도가 되었다.

5) 루디아에게 마음을 열어 바울의 말을 청종하게 했다.
두아디라 시에 있는 자색 옷감 장사로서 하나님을 섬기는 루디아라 하는 한 여자가 말을 듣고 있을 때 주께서 그 마음을 열어 바울의 말을 따르게 하셨다(행 16:14).

6) 우리 집에 오라.
그와 그 집이 다 세례를 받고 우리에게 청하여 이르되 만일 나를 주 믿는 자로 알거든 내 집에 들어와 유하라 하고 강권하여 머물게 하였다(행 16:15).

루디아는 축복의 기회를 놓치지 않았다. 주께서 그 여인에게 축복하셨고 빌립보 교회의 최초 개척 멤버가 되었다. 여러분은 하나님의 역사에 교두보가 되어야 한다. 타인에게 기쁨과 소망과 용기를 주는 사람이 되어야 한다.

2. 밤이 오면 새 아침이 온다.

하나님은 마음이 열린 자를 쓰신다. 마음이 닫힌 사람을 쓰시지 않으신다. 요셉은 신의 감동으로 애굽의 새 아침을 열었다. 하나님의 섭리가운데 담대히 새 아침을 열게 하셨다.
모든 인생은 어둠의 밤이 찾아온다. 귀신을 쫓아내고도, 칭찬과 격려를 받기보다 감옥에 들어갔다.

태초에 하나님이 천지를 창조하시니라(창 1:1)

땅이 혼돈하고 흑암의 깊음 위에서도 하나님의 신은 수면에 운행하셨다.

빛이 있으라 하시니 빛이 있었다(창 1:1).

신앙은 드러내는 것이다. 정직히 내 모습을 드러내고 회개하고 복음을 전하여 어둠에 거하는 이들에게 새 아침을 맛보게 해주어야 한다.

3. 인생의 밤을 지나려면 예수님을 만나야 한다.

1) 베드로는 절망과 실패의 밤을 지나고 예수님을 만나 깊은 물에 그물을 내려 한 그물에 두 배의 고기를 잡았다.
새 아침을 맞이하여 배와 그물을 버리고 주를 따랐다.
"이 밤은 그들을 애굽 땅에서 인도하여 내심으로 말미암아 여호와 앞에 지킬 것이니 이는 여호와의 밤이라 이스라엘 자손이 다 대대로 지킬 것이니라"(출 12:42)

출 12:42에서, 여호와의 밤이 있다. 애굽인의 장자와 생축이 다 죽었다. 곡성이 진동하고 이스라엘은 하나님의 보호를 받는 기쁨의 밤, 영원한 기쁨의 유월절의 밤을 지냈다.

2) 예수님을 모시면 어려운 중에도 찬송하고 기도한다.

행 16:24, 그가 이러한 명령을 받아 그들을 깊은 옥에 가두고 그 발을 착고에 든든히 채웠더니

행 16:25, 한밤중에 바울과 실라가 기도하고 하나님을 찬송하매 죄수들이 듣더라

행 16:26, 이에 갑자기 큰 지진이 나서 옥터가 움직이고 문이 곧 다 열리며 모든 사람의 매인 것이 다 벗어진지라

행 16:27, 간수가 자다가 깨어 옥문들이 열린 것을 보고 죄수들이 도망한 줄 생각하고 칼을 빼어 자결하려 하거늘

행 16:28, 바울이 크게 소리 질러 이르되 네 몸을 상하지 말라 우리가 다 여기 있노라 하니

행 16:29, 간수가 등불을 달라고 하며 뛰어 들어가 무서워 떨며 바울과 실라 앞에 엎드리고

행 16:30, 그들을 데리고 나가 이르되 선생들이여 내가 어떻게 하여야 구원을 받으리이까 하거늘

3) 야곱의 형의 낯을 피해 도망하는 밤에 하나님을 만났다. 가는 곳마다 하는 일마다 축복이 임했다.

창 32:24, 야곱은 홀로 남았더니 어떤 사람이 날이 새도록 야곱과 씨름하다가

창 32:25, 자기가 야곱을 이기지 못함을 보고 그가 야곱의 허벅지 관절을 치매 야곱의 허벅지 관절이 그 사람과 씨름할 때에 어긋났더라

창 32:26, 그가 이르되 날이 새려하니 나로 가게 하라 야곱이 이르되 당신이 내게 축복하지 아니하면 가게 하지 아니하겠나이다

창 32:27, 그 사람이 그에게 이르되 네 이름이 무엇이냐 그가 이르되 야곱이니이다

창 32:28, 그가 이르되 네 이름을 다시는 야곱이라 부를 것이 아니요 이스라엘이라 부를 것이니 이는 네가 하나님과 및 사람들과 겨루어 이겼

음이니라

창 32:29. 야곱이 청하여 이르되 당신의 이름을 알려주소서 그 사람이 이르되 어찌하여 내 이름을 묻느냐 하고 거기서 야곱에게 축복한지라

야곱이 형의 낯을 피해 도망하는 밤에 하나님을 만났다. 가는 곳마다 하는 일마다 축복이 임했다.

4) 하나님을 송축하고 찬송하는 밤

시 77:1. 내가 내 음성으로 하나님께 부르짖으리니 내 음성으로 하나님께 부르짖으면 내게 귀를 기울이시리로다

시 77:2. 나의 환난 날에 내가 주를 찾았으며 밤에는 내 손을 들고 거두지 아니하였나니 내 영혼이 위로받기를 거절하였도다

시 77:3. 내가 하나님을 기억하고 불안하여 근심하니 내 심령이 상하도다

시 77:4. 주께서 내가 눈을 붙이지 못하게 하시니 내가 괴로워 말할 수 없나이다

시 77:5. 내가 옛날 곧 지나간 세월을 생각하였사오며

시 77:6. 밤에 부른 노래를 내가 기억하여 내 심령으로, 내가 내 마음으로 간구하기를

시 77:7. 주께서 영원히 버리실까, 다시는 은혜를 베풀지 아니하실까,

시 77:8. 그의 인자하심은 영원히 끝났는가, 그의 약속하심도 영구히 폐하였는가,

시 77:9. 하나님이 그가 베푸실 은혜를 잊으셨는가, 노하심으로 그가 베푸실 긍휼을 그치셨는가 하였나이다

시 77:10. 또 내가 말하기를 이는 나의 잘못이라 지존자의 오른손의 해

시 77:11. 곧 여호와의 일들을 기억하며 주께서 옛적에 행하신 기이한 일을 기억하리이다

5) 인생의 새 아침을 만나려면 예수님을 만나야 한다.

"날이 새어갈 때에 예수께서 바닷가에 서셨으나 제자들이 예수이신 줄 알지 못하는지라"(요 21:4)

6) 오늘 밤이 없는 부자.
어두운 밤, 나사로는 밝은 새 아침에 아브라함의 품에 안겼다.

눅 12:13. 무리 중에 한 사람이 이르되 선생님 내 형을 명하여 유산을 나와 나누게 하소서 하니

눅 12:14. 이르시되 이 사람아 누가 나를 너희의 재판장이나 물건 나누는 자로 세웠느냐 하시고

눅 12:15. 그들에게 이르시되 삼가 모든 탐심을 물리치라 사람의 생명이 그 소유의 넉넉한 데 있지 아니하니라 하시고

눅 12:16. 또 비유로 그들에게 말하여 이르시되 한 부자가 그 밭에 소출이 풍성하매

눅 12:17. 심중에 생각하여 이르되 내가 곡식 쌓아 둘 곳이 없으니 어찌할까 하고

눅 12:18. 또 이르되 내가 이렇게 하리라 내 곳간을 헐고 더 크게 짓고 내 모든 곡식과 물건을 거기 쌓아 두리라

눅 12:19. 또 내가 내 영혼에게 이르되 영혼아 여러 해 쓸 물건을 많이 쌓아 두었으니 평안히 쉬고 먹고 마시고 즐거워하자 하리라 하되

눅 12:20. 하나님은 이르시되 어리석은 자여 오늘 밤에 네 영혼을 도로 찾으리니 그러면 네 준비한 것이 누구의 것이 되겠느냐 하셨으니

눅 12:21. 자기를 위하여 재물을 쌓아 두고 하나님께 대하여 부요하지 못한 자가 이와 같으니라

7) 밤낮 부르짖는 기도는 들어주신다.
과부가 법관에게 밤낮 부르짖으니 번거러워서도 이루어주었다.

8) 밤중 소리에 일어나라.

삿 16:1, 삼손이 가사에 가서 거기서 한 기생을 보고 그에게로 들어갔더니

삿 16:2, 가사 사람들에게 삼손이 왔다고 알려지매 그들이 곧 그를 에워싸고 밤새도록 성문에 매복하고 밤새도록 조용히 하며 이르기를 새벽이 되거든 그를 죽이리라 하였더라

삿 16:3, 삼손이 밤중까지 누워 있다가 그 밤중에 일어나 성 문짝들과 두 문설주와 문빗장을 빼어 가지고 그것을 모두 어깨에 메고 헤브론 앞산 꼭대기로 가니라

어두움의 밤을 어떻게 맞이하느냐에 따라 새 아침을 만날 수 있다. 신음 소리에 원망, 불평 중에서 60만 장정이 광야에서 다 쓰러졌다.
지금 우리는 하나님의 음성을 듣고 일어나야 한다. 감사, 찬송해야 한다. 예수님 만나면 어둠에서 빛이 된다.

4. 밤에 성전에 서 있는 하나님의 종들아!

"보라 밤에 여호와의 성전에 서 있는 여호와의 모든 종들아 여호와를 송축하라"(시 134:1)

1) 사무엘은 밤에 성전에서 살았다.

2) 아브라함은 밤 하늘에 별을 보여주시고 네 자손이 저 별 같이 많은 것이라고 하셨다.

"그를 이끌고 밖으로 나가 이르시되 하늘을 우러러 뭇 별을 셀 수 있나 보라 또 그에게 이르시되 네 자손이 이와 같으리라"(창 15:5)

하나님을 섬기는 사람은 밤이든 새벽이든 성전 중심으로 봉사하고 섬기는 사람이다. 주님도 섬기러 오셨다고 했다.

"여호와께서 너희를 안식하게 하신 것 같이 너희의 형제도 안식하며 그들도 너희의 하나님 여호와께서 주시는 그 땅을 차지하기까지 하라 그리고 너희는 너희 소유지 곧 여호와의 종 모세가 너희에게 준 요단 이쪽 해 돋는 곳으로 돌아와서 그것을 차지할지니라"(수 1:15)
제 7일 아침 여리고를 일곱 번 돌았고 성이 무너졌다.

"여호와께서 너희를 안식하게 하신 것 같이 너희의 형제도 안식하며 그들도 너희의 하나님 여호와께서 주시는 그 땅을 차지하기까지 하라 그리고 너희는 너희 소유지 곧 여호와의 종 모세가 너희에게 준 요단 이쪽 해 돋는 곳으로 돌아와서 그것을 차지할지니라"(수 1:15)

3) 성소를 향하여 손을 들고 기도할 때 복을 주신다.

전능하신 하나님께 손 들고 기도하면 축복주신다.
야곱은 얍복 강가에서 캄캄한 밤을 맞이했다.
형 에서가 400명의 군사를 데리고 오고 있었다. 그러나 끈질긴 기도로 이스라엘로 개명을 받았다.
"모세가 손을 들면 이스라엘이 이기고 손을 내리면 아말렉이 이기더니"(출 17:11)
아말렉이 가로 막을 때 모세는 손을 들고 기도함으로 아론과 훌이 그 손을 붙잡아 주므로 승리했다.
"그러므로 각처에서 남자들이 분노와 다툼이 없이 거룩한 손을 들어 기도하기를 원하노라"(딤전 2:8)
죄악으로 어두운 밤, 개인적인 인생의 밤을 지날 때 기도의 손을 들어야 한다. 바울은 거룩한 손을 들어 기도하라고 했다.

5. 인생의 밤에 찾아오시는 주님

1) 엘리야의 밤에 로뎀나무 아래 찾아오신 하나님

2) 예수님을 부인하고 십자가 정사 보고로 아무 일도 못하고 절망 중에 밤에 고기 잡으러 갔는데 한 마리도 못 잡았다. 그때 주님이 찾아오셨다.

3) 하나님에 대한 충성심이 특심해야 한다.
거짓되지 아니한 입술이어야 한다.
다윗은 입으로 범죄하지 않았다. 말에 실수가 없었다.

시 17:1, 여호와여 의의 호소를 들으소서 나의 울부짖음에 주의하소서 거짓 되지 아니한 입술에서 나오는 나의 기도에 귀를 기울이소서
시 17:2, 주께서 나를 판단하시며 주의 눈으로 공평함을 살피소서
시 17:3, 주께서 내 마음을 시험하시고 밤에 내게 오시어서 나를 감찰하셨으나 흠을 찾지 못하셨사오니 내가 결심하고 입으로 범죄하지 아니하리이다
시 17:4, 사람의 행사로 논하면 나는 주의 입술의 말씀을 따라 스스로 삼가서 포악한 자의 길을 가지 아니하였사오며
시 17:5, 나의 걸음이 주의 길을 굳게 지키고 실족하지 아니하였나이다
사울 왕이 3천명의 군사를 거느리고 막다른 길 엔게디에서 뒤에서 사울을 죽일 수 있었으나 기름부음 바 된 왕을 죽이지 않았다. 다윗은 기도하고 하나님을 의지했다.

4) 원망 불평의 말, 감사 축복의 말, 입으로 범죄치 말아야 한다.

"우리가 다 실수가 많으니 만일 말에 실수가 없는 자라면 곧 온전한 사람이라 능히 온 몸도 굴레 씌우리라"(약 3:2)

약 3:2에서, 우리가 다 실수가 많다. 말에 실수가 없는 자는 온전한 사람이라고 했다.

삶에는 고통이 있고, 고난이 있고, 슬픔이 있고, 시험이 있고, 유혹이 있고, 역경이 있고, 낙담, 좌절, 무기력, 비탄 등의 인생의 밤이 있다.

아브라함도 인생의 밤이 있었다. 아내를 누이라 했고, 이삭도 같은 우를 범했다.

요셉도 인생의 밤을 지냈다. 다 육체적인 것이다. 영적인 것이 아니다.

바울은 사나 죽으나 먹으나 마시나 다 주의 영광을 위한 삶이라고 했다.

육신적인 밤, 정신적인 밤, 물질적인 밤, 건강의 밤, 관계적인 밤, 그 때에 주님이 찾아오신다.

영혼을 삼키려고 악한 마귀가 노리고 있다. 악한 마귀는 아담과 하와가 선악과를 먹게 하고 하나님과 단절되고 에덴에서 쫓겨나게 만들었다.

여러분에게 밤이 오는 것은 하나님을 의지하게 하기 위해 오는 것이다.

주께서 내 마음을 시험하시고 밤에 내게 오시어서 나를 감찰하셨으나 흠을 찾지 못하셨사오니 내가 결심하고 입으로 범죄하지 아니하리이다(시 17:3)

시 17:3에서, 밤에 내게 오시어 감찰하셨으나 흠을 찾지 못했다고 했다. 결심하고 입으로 범죄치 아니하려 해야 한다. 인생의 밤을 맞이할 때 주님이 찾아오신다.

하나님은 축복을 주기 위해 십자가 같은 밤을 주신다. 그러나 하나님이 함께 하실 것이다.

6. 인생의 위기와 밤을 극복하는 방법

약 3천년 전에 모세가 하나님의 명령을 따라 이스라엘을 출애굽으로 인도했다.
바로와 홍해가 가로박고 뒤에는 애굽 군대가 따라오는 밤을 맞이해도 전적으로 하나님을 의지해서 극복했다.

1) 위기 중에도 하나님은 계획을 갖고 계신다.
애굽 군을 수장되게 하고 하나님의 계획은 성공적으로 이루었다.

사람의 마음에는 많은 계획이 있어도 오직 여호와의 뜻 만이 완전히 서리라 (잠 19:21)

여호와의 말씀이니라 너희를 향한 나의 생각을 내가 아나니 평안이요 재앙이 아니니라 너희에게 미래와 희망을 주는 것이니라(렘 29:11)

우리가 알거니와 하나님을 사랑하는 자 그 뜻대로 부르심을 입은 자들은 모든 것이 합력하여 선을 이룬다.
인생의 밤을 맞이했는가? 하나님의 계획을 발견하라.

2) 문제가 올 때 용기를 가져라.
여호수아는 강하고 담대했다.

3) 오직 하나님은 할 수 있다는 믿음으로 밤을 극복해야 한다.
위기가 닥치면 십자가로 풀어라. 홍해가 가로막을 때 기도와 행동으로 풀렸다.

4) 기도로 위기를 극복하라.
홍해 앞에서 기도하라.

7. 인생의 밤이 지나고 새 사람 답게 살아가자.

엡4:25, 그런즉 거짓을 버리고 각각 그 이웃과 더불어 참된 것을 말하라 이는 우리가 서로 지체가 됨이라
엡4:26, 분을 내어도 죄를 짓지 말며 해가 지도록 분을 품지 말고
엡4:27, 마귀에게 틈을 주지 말라
엡4:28, 도둑질하는 자는 다시 도둑질하지 말고 돌이켜 가난한 자에게 구제할 수 있도록 자기 손으로 수고하여 선한 일을 하라
엡4:29, 무릇 더러운 말은 너희 입 밖에도 내지 말고 오직 덕을 세우는 데 소용되는 대로 선한 말을 하여 듣는 자들에게 은혜를 끼치게 하라
엡4:30, 하나님의 성령을 근심하게 하지 말라 그 안에서 너희가 구원의 날까지 인치심을 받았느니라
엡4:31, 너희는 모든 악독과 노함과 분냄과 떠드는 것과 비방하는 것을 모든 악의와 함께 버리고
엡4:32, 서로 친절하게 하며 불쌍히 여기며 서로 용서하기를 하나님이 그리스도 안에서 너희를 용서하심과 같이 하라

A.D. 62년경 바울이 에베소 교회를 세웠다. 이방 유대인이 섞여 있는 교회, 하나 됨을 강조했다. 죄와 타락으로 망해가는 사회에 의와 구원을 선포해야 한다.

1) 참된 것을 말하라.
말은 인간 세계에만 주시는 하나님의 은혜이다. 다른 사람에게 평화, 진실, 생명을 주는 말을 해야 한다.

에덴동산에 사단의 말이 들어온 후부터 갈등, 분쟁, 거짓, 분노, 저주, 비판이 입에서 나오게 되었다.

"너희는 너희 아비 마귀에게서 났으니 너희 아비의 욕심대로 너희도 행하고자 하느니라 그는 처음부터 살인한 자요 진리가 그 속에 없으므로 진리에 서지 못하고 거짓을 말할 때마다 제 것으로 말하나니 이는 그가 거짓말쟁이요 거짓의 아비가 되었음이라 내가 진리를 말하므로 너희가 나를 믿지 아니하는도다"(요 8:44~45)

요 8:44에서, 너희 아비에게서 났으니 아비의 욕심대로 행하고자 하느냐 마귀는 처음부터 살인자요 진리가 그속에 없다고 하셨다.

2) 수고하여 주는 자가 되라.
도적질을 말고 가난한 자를 위해 구제하고 손으로 수고하고 선한 일을 하라. 사람의 것, 하나님의 것, 도적질 하지 말라.

3) 사랑 가운데 행하라.
"너희는 모든 악독과 노함과 분냄과 떠드는 것과 비방하는 것을 모든 악의와 함께 버리고"(엡 4:31)
엡 4:31에서, 모든 악덕과 모함과 분냄과 떠는 것, 비방하는 것, 악의와 함께 버려야만 새 아침이 온다.
성도 여러분, 인생의 밤을 만날 때, 기도하고 하나님의 계획을 깨닫고 전적으로 하나님을 의지하십시오.

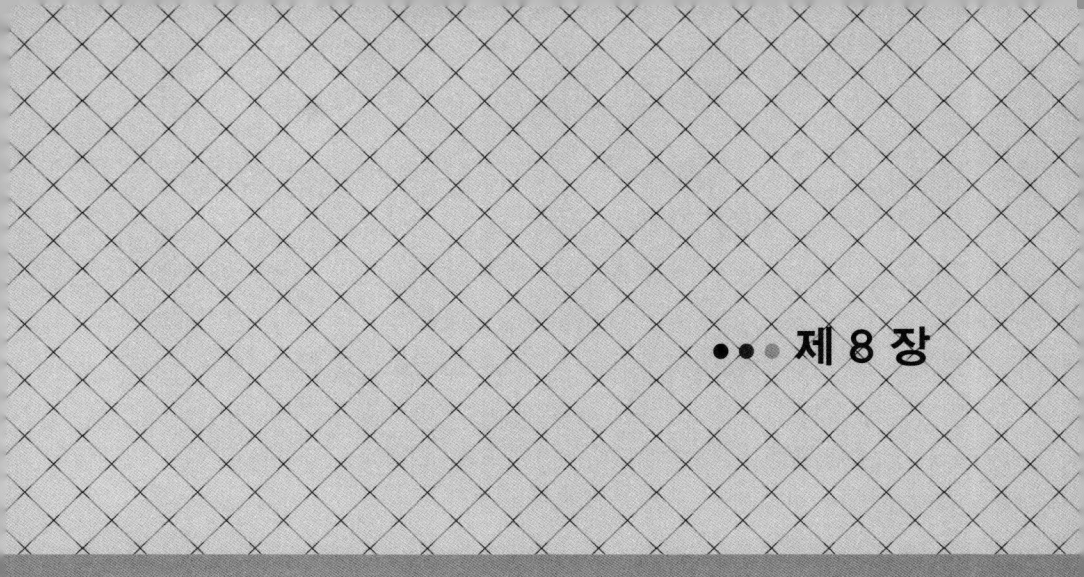

제 8 장

닭은 우는데 무감각
(눅 22:60~62)

● ● ● 제 8 장

닭은 우는데 무감각 (눅 22:60~62)

1. 유럽 신앙인들이 닭은 우는데 이성적인 신앙으로 살았다.
2. 현실을 직시해야 한다.
3. 닭이 울 때 뜬 돌의 시대가 다가왔다.
4. 영적 위기에 신앙 경성해야 한다.
5. 지혜로운 신앙생활을 다 빼앗겨 버렸다.

●●● 제 8 장
닭은 우는데 무감각
(눅 22:60~62)

베드로가 이르되 이 사람아 나는 네가 하는 말을 알지 못하노라고 아직 말하고 있을 때에 닭이 곧 울더라 주께서 돌이켜 베드로를 보시니 베드로가 주의 말씀 곧 오늘 닭 울기 전에 네가 세 번 나를 부인하리라 하심이 생각나서 밖에 나가서 심히 통곡하니라(눅 22:60~62)

 닭소리는 시간을 알려준다. 새벽이 가까웠으니 일어나라는 뜻이다. 베드로는 깨닫고 나가서 심히 통곡하며 울었다.
 미국의 인디안 부족은 새벽 3시부터 남자들을 다 모으고, "태양이여! 떠오르소서! 태양이여! 떠오르소서"라고 큰소리로 부르짖다 태양이 떠오르면 응답된 줄 알고 집으로 돌아간다.
 그 모습을 본 백인 장사꾼이 추장에게 "우리는 사람들이 나와서 태양이여 떠오르소서 하지 않고 새가 한다."고 하니, 추장이 그 새가 한 마리에 얼마냐고 물었다. 그랬더니 장사꾼이 "내가 짊어지고 갈 만큼 천연 금을 달라" 했다. 그리고 나서 백인이 돌아가 하얀 장닭을 흑인의 집으로 가져갔다. 그러면서 "만일 이 새가 아무 말도 하지 않고 태양이 떠오르면 내가 죽겠다"고 했다.

1. 유럽 신앙인들이 닭은 우는데 이성적인 신앙으로 살았다.

1) 이성에 안 맞으면 안 믿는다.
 독일 신학교에서는 지금도 동정녀 탄생을 믿지 않는다. 부활 신앙이 퇴

색되어가고 있다.

  십 수 년 전에 세계 기독교 목사 대회가 뮌헨에서 열렸다. 예수 그리스도의 동정녀 탄생을 믿느냐? 믿는 사람 손들라 하니 수 백명 중 한국 목사만 손을 들었다고 한다. 그런데 사회자의 말이 가관이다. 아직도 이성적인 신앙이 아닌 신화적인 신앙을 믿느냐고 물었다는 것이다.

2) 황금 만능주의와 물질주의로 가고 있다.
3) 지식 만능으로, 신앙보다 배워야 한다고 하여 지식이 신앙을 망쳤다.
4) 과학이 교회와 주님을 멀리하게 한다.

2. 현실을 직시해야 한다.

영적인 능력을 상실하고 있다.
  아볼로 목사가 지식 학문이 우수했다. 그런데 성령의 음성을 듣지 못하고 요한의 세례만 받았다. 그러니 아골라 부부가 조용히 모셔다가 성령을 가르쳐주었다.
  성령의 세례는 성령 충만해야 된다.
  지금은 영적 감각을 상실한 때이다.
  닭은 우는데 아무 감각이 없다.
  생활의 염려로 마음이 둔하여지고 하나님과 거리가 먼 시대이다.

3. 닭이 울 때 뜬 돌의 시대가 다가왔다.

1) 베드로는 눈물로 통회했다.
2) 반은 철이요 반은 흙으로 된 열 발가락시대 우상을 뜬 돌이 나타나서 부서뜨려 가루가 되게 만들었다.
  뜬 돌의 때가 가까웠으니 계 2~3장의 7교회에 귀 있는 자는 들을지어다라고 했다.

3) 내가 올 때에 믿는 것을 보겠느냐 하셨다.

시대와 사조는 재림이 가까운 것을 나타내고 있다.

4) 노아는 "여러분, 방주를 예비하십시오. 세상을 물로 심판할 것"이라고 외쳤으나 사람들은 이 좋은 날씨에 비가 온다고? 미친 노인이다라며 거절했다.

5) 소돔과 고모라의 죄악으로 유황불로 멸망시키는 밤에 도망가자 하니까 롯의 사위들은 농담이라고 했다. 지금은 강단에서 농담 설교를 많이 하고 있다.

강단에서 사람 웃겨놓고 나같이 사람 웃기는 것 봤느냐 자랑한다.

롯의 처는 "머물지 말라, 뒤돌아보지 말라, 속히 도망하라" 3대 명령 중 뒤돌아보지 말라는 명령을 어기고 뒤돌아봐 소금기둥이 되었다.

신앙, 정치, 경제... 다 어긋났다.

기도를 멈추고, 교회에 와도 성경 찬송 안 가져오는 교인이 90%나 된다고 하는데 큰 문제이다. 현실을 직시해야 한다.

4. 영적 위기에 신앙 경성해야 한다.

물질주의와 지식주의에 빠져있는 성도들이 경성해야 할 것이다.

다문화, 다민족, 타종교를 포용하고 불교, 천주교, 기독교가 연합하여 무엇을 하겠다는 말인가?

성탄절, 축하 플레카드를 불교에서도 걸어주고 석탄일에 축 석가탄생이라는 플레카드를 교회가 같이 걸어주고 있으니 뒤죽박죽이다.

1) 포스트모던 시대이다.

기독교의 십자가의 대속과 부활신앙이 무너졌다.

보편성만 내걸고 미국도 구제만 강조하고 있고 두루뭉술한 설교를 하고 있다. 정체성을 잃어버리고 텔레비전의 설교 내용이 뒤죽박죽 설교를 하고 있다.

2) 알맹이가 없고 진리가 없다.
인간이 교주화 되고 진리를 왜곡하고 왜곡되고 있다.
모든 종교에 다 구원이 있다고 믿고 있다.
구원은 십자가로만 가능하다.
마귀가 위기의 경로를 만들어주고 있는 것이다.

3) 잠들어 있기에 신앙의 위기를 초래하고 있다.
주일 한 번만 예배를 드린다. 새벽, 수요, 구역예배를 무시하고 있다.
겟세마네 동산의 주님의 기도처럼 생명 걸고 기도할 때이다.
베드로, 야고보, 요한 모두 잠들었다.
잠을 깨고 말고의 귀를 깎고, 예수님을 부인하고, 이 모두 기도하지 않고 게으름을 피운 결과이다.
마틴 루터는 새벽에 기도 안하면 그날 하루 마귀에게 포로가 된다고 했다.
주님 섬기는데 태만하거나 주님과 거리가 멀어지면 마귀는 우리 생각 속에 들어와 의심하게 하고, 불신앙을 넣어주고 예수님을 팔 생각도 넣어준다.

4) 불평 불만을 통해서 영적 위기를 가져온다.
기뻐하고 감사하는 은혜를 가져야 한다.
조그만 어려우면 하나님이 주신 은혜를 망각하고 불평하고 불만을 쏟아낸다. 그때 사단은 기회를 타고 들어온다.
출애굽한 이스라엘이 광야에서 감사해야 할 것 뿐인데도 불평불만하다 여호수아와 갈렙 외에는 다 죽어버렸다.
불평 불만은 하나님의 뜻을 이루지 못한다. 욕심을 통해 위기를 가져온다.

약 1:14. 오직 각 사람이 시험을 받는 것은 자기 욕심에 끌려 미혹됨이니

약 1:15. 욕심이 잉태한즉 죄를 낳고 죄가 장성한즉 사망을 낳느니라

약 1:14~15에서, 오직 각 사람이 시험을 받는 것은 욕심 때문이라고 했다. 욕심이 잉태한즉 죄를 낳고 죄가 장성한즉 사망을 낳는다고 했다.

육체의 욕심에서 벗어나려면 성령 안에서 믿음을 쌓아가야 한다. 마귀를 이기는 능력은 믿음 위에 굳게 선 자만이 마귀를 대적할 수 있다. 긍정적인 힘으로 마귀를 대적해야 한다.

2012년 4월 5일 세계적인 신학자 벨케(Tomas Belke) 교수의 대담에서 성령 관심을 위해 긴 신앙을 여행해 왔다고 했다. 철학, 신학으로도 수 십년 동안 지냈다. 한국교회 목사도 철학 박사가 많다고 한다. 변증학에도 관심을 가졌다.

블로만 교수는 과학의 자리에서 상식과 일반 원리로 종교들의 다른 것 중진을 추구하라고 했다. 발로나 본 회퍼나 몰트만이나 기독론에서 그리스도를 찾지 못했다고 했다.

성서적으로 영적으로 성령의 불을 받지 못하면 초점이 흐리고 목표를 상실하고 다가온 일을 해결 못하고 감각이 둔하여진다. 오순절의 성령 충만으로 돌아가자.

5. 지혜로운 신앙생활을 다 빼앗겨 버렸다.

1) 슬기있는 5처녀처럼 성령의 기름으로 등불을 밝혀 신랑을 맞을 준비를 할 때이다.

신랑이 오니 나와서 맞으라 할 때에 기름 준비를 못한 무감각한 5처녀는 주님을 맞이하지 못했다.

2) 완주할 때까지 인내로 상 받을 때까지 성경 중심으로 하고, 지혜가 제일이니 지혜를 얻으라고 했다.

3) 지혜자는 하나님 앞에 입을 함부로 열지 말라고 했다.

세상에서는 큰소리 쳐도 교회 안에서는 조용해야 한다. 급한 마음으로 말을 내지 말아야 한다. 심사 숙고 하고 말을 해야 한다. 마땅히 할 말만 하고 안 듣는 백 마디 말보다 듣는 말 한 마디가 더 중요하다.

인생은 저물어가는데, 닭은 울고 있고, 반성할 것은 반성하고 충성 못한 것 충성하고 섬기지 못한 것 섬기고 사랑치 못한 것 사랑하고 영지가 어두운 곳 밝게 하고, 정직하지 못한 것 정직하고, 위선과 거짓의 삶을 살아왔는데 성령 충만함 받아 닭소리를 듣고 깨달을 수 있고 세상 돌아가는 소문을 듣고, 주님 만나는 신앙 준비가 이루어지길 바란다.

••• 제 9 장

지렁이 같은 야곱아
(사 41:14)

● ● ● 제 9 장

지렁이 같은 야곱아 (사 41:14)

1. 지렁이 같은 야곱
2. 인생은 역전해야 한다.
3. 기도의 사람이었다.
4. 하나님의 경고는 20년 전 기도를 기억하고 함께 하셨다.
5. 브엘세바의 사막을 가로질러 희생의 단을 쌓고 야곱이 기쁜 소식을 듣고 단을 쌓았다.
6. 다니엘은 기도할 때에 가브리엘 천사가 응답을 가지고 내려왔다.

● ● ● 제 9 장

지렁이 같은 야곱아
(사 41:14)

버러지 같은 너 야곱아, 너희 이스라엘 사람들아 두려워하지 말라 나 여호와가 말하노니 내가 너를 도울 것이라 네 구속자는 이스라엘의 거룩한 이이니라(사 41:14)

1. 지렁이 같은 야곱

첫째로, 앞 뒤가 없다.
신앙생활도 앞뒤가 없으면 지렁이같은 사람이다.
둘째로, 잘 휘어진다.
신앙의 지조를 못 지키는 것이다.
셋째로, 하늘을 못 보고 산다.
지렁이는 태양을 보면 죽는다.
주님을 만나지 못하고 성령을 만나지 못한다.
넷째로, 땅에만 산다.
야곱의 모습이 왜 내 모습일까.
다섯째, 땅 밖으로 나오면 죽는다.

2. 인생은 역전해야 한다.

1) 하나님이 쓰시면 큰일 할 수 있다.
2) 하나님이 야곱을 역전하게 했다.
그것이 이 사람을 통해 이스라엘로 지금까지 국가의 이름이 되어 있다.

3) **행 7:50.** 이 모든 것이 다 내 손으로 지은 것이 아니냐 함과 같으니라

바울은 사도행전 7:50에서 스데반을 죽이는 데 가편 투표를 한 사람이다.

행 9:1. 사울이 주의 제자들에 대하여 여전히 위협과 살기가 등등하여 대제사장에게 가서

행 9:1에서, 위협과 살기가 등등한 사람이다.

교인이라도 살기가 등등한 사람이 있다. 사랑의 눈으로 볼 수 있어야 한다.

4) 거듭나기 전 사울의 눈에는 미움과 시기와 질투가 가득하였다.
5) 다메섹 도상에서 그리스도를 만나 뒤집어졌다.

야곱의 모습이 나의 모습이 되어야 한다.

교회와 한국 정치의 현실이 힘든 상황이다. 하나님이 이스라엘을 만드시면 지렁이 야곱도 크게 쓰임받을 수 있다.

형과는 정상 거래를 하고 아버지를 속이고 벧엘에서 기도하였다. 벧엘은 허허벌판이다. 거기에서 하나님을 만났다.

3. 기도의 사람이었다.

창 18:20. 여호와께서 또 이르시되 소돔과 고모라에 대한 부르짖음이 크고 그 죄악이 심히 무거우니

야곱은 창28:20에서 다음과 같이 기도했다.
1) 하나님이 함께 계셔 주시옵소서
2) 내가 가는 이 길을 지켜주시옵소서
3) 먹을 양식과 입을 옷을 주시옵소서
4) 평안히 아비 집으로 돌아오도록 해 주십시오.
5) 제가 세운 이 돌이 성전이 되게 하겠습니다.

6) 십일조 드리겠습니다.

그 후에 20년이 지난 후 기도한 일이 없다. 하란에서 12아들과 1딸을 얻었다. 그런데 장인이 사기를 쳤다. 10번이나 약속을 변역했다.
어느 날 자기 몫을 가지고 도망쳤다. 사막을 가로질러 도망쳤다.

창 31:24, 밤에 하나님이 아람 사람 라반에게 현몽하여 이르시되 너는 삼가 야곱에게 선악간에 말하지 말라 하셨더라
창 31:24, 밤이 왔다. 라반은 게라빔을 섬기는 사람이다. 라헬이 그 데라빔을 숨겨왔다. 라반에게서 하나님이 나타나셨다.
창 31:24, 너는 선악간에 야곱에게 말하지 말라.
창 31:29, 너를 해할 만한 능력이 내 손에 있으나 너희 아버지의 하나님이 어제 밤에 내게 말씀하시기를 너는 삼가 야곱에게 선악간에 말하지 말라 하셨느니라
창 31:29, 해할 능력을 가지고 왔다. 아무 말 말라 하나님이 말씀하셨다.

4. 하나님의 경고는 20년 전 기도도 기억하고 함께 하셨다.

20년이 지나도 하나님이 기억하신다.
고난 중에도 기도하고 고난 중에 기도하면 응답하신다.

1) **창 32:1~2,** 야곱이 길을 가는데 하나님의 사자들이 그를 만난지라 야곱이 그들을 볼 때에 이르기를 이는 하나님의 군대라 하고 그 땅 이름을 마하나임이라 하였더라
자기가 가는 길에 하나님이 지켜주신 것이다.
창 32:1~2, 라반은 떠나갔다. 주변에서 하나님의 사자들이 지켜주셨다. 마하나임이라는 뜻은 하나님의 진영이란 의미로 하나님이 지켜주셨다

는 것이다.

　하나님의 경고를 들어도 라반이 칠 수 있었다. 그러나 천사가 진쳐 주시고 있기에 지켜주셨다.

　지금도 천사가 내려와 금대접에 기도를 담아 하나님 앞 보좌에 담아 간다. 기도하는 사람은 천사의 손에 담아 간다.

　좌절하고 낙심하지 말고 믿고 기도만 하자.

　그래도 더 무서운 형이 400명을 거느리고 치러 오고 있었다.

　2) **창 32:11,** 내가 주께 간구하오니 내 형 에서의 손에서 나를 건져내시옵소서 내가 그를 두려워함은 그가 와서 나와 내 처자들을 칠까 겁이 나기 때문이니이다. 야곱이 기도했다.

　창 32:24, 야곱은 홀로 남았더니 어떤 사람이 날이 새도록 야곱과 씨름하다

　창 32:24에서, 얍복강 나루터에서 천사와 씨름했다.

　호 12:4, 천사와 겨루어 이기고 울며 그에게 간구하였으며 하나님은 벧엘에서 그를 만나셨고 거기에서 우리에게 말씀하셨나니

　호 12:4에서, 야곱이 천사와 겨루면서 울면서 간구했다.

　너는 이스라엘이라 하라. 천사와 씨름하면서도 기도했다.

　창 32:31, 그가 브니엘을 지날 때에 해가 돋았고 그의 허벅다리로 말미암아 절었더라

　창 32:31, 야곱이 환도뼈가 위골되었다. 형이 400인을 거느리고 달려들었다.

　창 33:2, 여종들과 그들의 자식들은 앞에 두고 레아와 그의 자식들은 다음에 두고 라헬과 요셉은 뒤에 두고

　창 33:2에서 앞으로 담대히 나아갔다.

　20년 전 거짓말로 속인 일로 인하여 형이 죽이기 위해 오고 있었다. 그러나 야곱이 다리가 불구가 되어 심하게 절었다. 그 모습을 본 에서 형에

게 사랑과 용서와 불쌍히 여김을 받았다. 화해했다.

기도하는 사람은 화해할 수 있다. 원수의 관계에서 사랑의 관계로 바뀔 수 있다.

창 41:41, 바로가 또 요셉에게 이르되 내가 너를 애굽 온 땅의 총리가 되게 하노라 하고

창 41장에서는, 아들 요셉이 애굽의 국무총리가 되었다.

5. 브엘세바의 사막을 가로질러 희생의 단을 쌓았다. 야곱이 기쁜 소식을 듣고 단을 쌓은 것이다.

1) 내가 너와 함께 하신다는 말씀을 들었다.

히 11:21, 믿음으로 야곱은 죽을 때에 요셉의 각 아들에게 축복하고 그 지팡이 머리에 의지하여 경배하였으며, 히 11장에서 지팡이를 의지하고 경배했다.

2) 기도하면서 떠나갔다.

예수님도 기도의 본을 보여주셨다.

40일 금식으로 사역을 시작했고, 마지막 내 혼을 받으시옵소서 기도하셨다. 시작도 끝도 기도로 마무리 지으신 예수님이시다.

감람산에서 기도의 허락을 기다렸다. 허락하신 것을 기다리라 하셨다.

행 1:8, 오직 성령이 너희에게 임하시면 너희가 권능을 받고 예루살렘과 온 유대와 사마리아와 땅 끝까지 이르러 내 증인이 되리라 하시니라

행 1:8, 전혀 기도함으로 응답받았다. 교회가 탄생된 것이다.

행1:13, 들어가 그들이 유하는 다락방으로 올라가니 베드로, 요한, 야고보, 안드레와 빌립, 도마와 바돌로매, 마태와 및 알패오의 아들 야고보, 셀롯인 시몬, 야고보의 아들 유다가 다 거기 있어

행 1:13에서, 마가 다락방에서 전혀 기도하기를 힘썼다. 기도하는 사

람, 믿음 가진 사람, 주님 의지한 사람, 모든 일에 성공할 수 있었다.
약 1장에는 너희 중에 고난 당하는 자 있느냐 저는 기도할 것이라 했다.

3) 회개의 기도를 해야 한다.

약 1:5, 너희 중에 누구든지 지혜가 부족하거든 모든 사람에게 후히 주시고 꾸짖지 아니하시는 하나님께 구하라 그리하면 주시리라

약 1:5에서, 믿음으로 구하고 의심 말라 했다. 의심하는 것은 바다 물결 같이 요동한다고 했다. 오직 믿음으로 구하고 믿음으로 기도하자.

완전한 믿음의 자리에서 빌립보서 4장 6절에는, 아무 것도 염려하지 말고 기도와 간구와 감사함으로 하나님께 아뢰라 했다.

6. 다니엘은 기도할 때에 가브리엘 천사가 응답을 가지고 내려왔다.

가브리엘은 기쁜 소식을 전하는 천사이다.
바사(페르시아)군이 가로막고 응답을 가지고 왔지만 응답을 못 주었다.
다니엘은 21일 동안 간절히 기도함으로 응답받았다.

1) 그리스도인은 기도에 방심하지 말아야 한다.

렘 33:1, 예레미야가 아직 시위대 뜰에 갇혀 있을 때에 여호와의 말씀이 그에게 두 번째로 임하니라 이르시되

렘 33:2, 일을 행하시는 여호와, 그것을 만들며 성취하시는 여호와, 그의 이름을 여호와라 하는 이가 이와 같이 이르시도다

렘 33:1~2, 일을 행하는 여호와 그 일을 성취하는 여호와 크고 비밀한 일을 보이신다고 했다.

2) 에스더의 기도는 유대 민족을 살렸다.

3) 기도는 교회를 살린다.
4) 가정을 살린다.
한나의 기도는 사무엘을 바치고도 5남매를 얻었다.

약 5:17에서, 엘리야는 우리와 같은 성정을 가진 자로되 하늘을 닫기 위해 기도하고 비 내리게 간절히 기도함으로 3년 6개월 동안 축복의 단비가 내렸다.

5) 기도할 때 하늘에서 불을 내리고 축복의 단비가 내려졌다.
왜 기도해야 되는가?
나의 방법으로 안 되기 때문이다. 하나님 방법대로 이룰 수 있다.
시험이 있을 때도 있다. 그러나 두려워말라 염려하지 말라. 기도하라고 했다.
벧전 5:7, 너희 염려를 다 주께 맡기라 이는 그가 너희를 돌보심이라
결론적으로 모든 것을 주께 맡겨버리고, 지금 한국교회를 위해 기도하는 자가 있어야 한다.
나와 여러분을 기도의 자리에 세워주셨다. 낙심, 주저 말고 기도하면 지렁이가 변하여 이스라엘이 되게 해주신다. 기도의 어머니 한나는 사무엘이 기도를 쉬는 죄를 범치 않게 했다.
어머니는 기도의 어머니, 예배의 어머니, 성령이 가르치는 대로 사는 어머니가 되어야 한다.
지렁이 같은 야곱이 이스라엘로 변하기 위해서는 가는 곳마다 하는 일마다 하나님의 축복을 받았다. 그렇게 해서 한 국가의 이름이 되었다.
야곱의 후손은 축복을 받았다. 지금 나의 이름이 이스라엘의 이름이 되고 국가의 이름이 되기를 축원한다.

••• 제 10장

아담아, 네가 어디 있느냐?
(창 3:9)

제 10 장

아담아, 네가 어디 있느냐? (창 3:9)

1. 무딘 감각을 깨우치는 말씀
2. 죄를 감지하게 하는 말씀
3. 잃은 양을 찾으시는 하나님의 사랑이다.

제 10 장
아담아, 네가 어디 있느냐?
(창 3:9)

여호와 하나님이 아담을 부르시며 그에게 이르시되 네가 어디 있느냐**(창 3:9)**

    범죄한 인간이 하나님을 찾는 것이 아니라, 하나님이 인간에게 찾아오시는 것이다. 범죄한 인간은 하나님의 낯을 피하여 동산 나무 사이에 숨었으나, 하나님은 그러한 인간에게 찾아오셨다.
    낮은 곳으로 찾아오시는 하나님의 복음이다. 하나님의 선행적 은총 없이는 하나님을 찾지 못한다.
    이는, 길 잃은 양이 목자의 찾음 없이는 스스로 못 찾아오는 것과 같다. 하나님의 역사 없이는 죄인이 스스로 회개하고 올 수 없는 것이다. 죄의 결과, 하나님과의 교제가 단절되고, 결국 무서운 패망인 것이다.
    범죄 전, 아담은 만물의 영장으로 만물들에 이름을 명명하였다. 그러나 범죄 후, 자기가 할 것 마저 잊어버리고 우둔한 상태에 처하게 된다. 나뭇잎으로 수치를 가리고, 이것을 날마다 새로 만들어 가려야 했다. 그리고 하나님의 낯을 피하여 숨었다. 그러나 하나님의 낯을 피할 수 있나?
    하나님의 오심은 동산을 거니시면서 천천히 오셨다. 하나님의 심판이 더디다고 안심하지 말아야 한다. 날이 서늘할 때, 밤도 낮도 아닌 석양이 질 무렵 서늘할 때 오셨다. 우리도 하루가 가기 전, 그 날을 돌아보며 반성해야 한다.

1. 무딘 감각을 깨우치는 말씀

마비된 양심은 자기 처지를 깨닫지 못한다. 죄인이 고통 없이 살다 죽는다 해도, 비로소 지옥에 도달할 때는 극한 고통을 알 것이다.

하나님께서 인간에게 주신 최초의 복음이 이 잠든 감각, 무딘 감각의 혼수 상태에서 깨우쳐 눈을 뜨게 하여 자기가 당한 위험을 깨닫게 하신 것이다. 하나님의 낯을 피해 도망한 것이 얼마나 위태로운 것인지를 깨닫게 해주셨다.

① 지금 벗은 상태가 왜 그렇게 된 것인지?
② 하나님을 잊어버린 상태를 왜 모르는지?
③ 행복을 상실한 것을 아는지?

양심이 지적하는 죄를 청산하지 못한 것은 아닌지?
그 동안 허송세월 보내지는 않았는지?
왜 뜨겁게 주님을 믿지 못했는지?
살았다는 이름을 가졌으나, 실상은 죽어있는 자가 아닌지?
하나님과 원수된 것은 아닌지?
내 삶이 파멸의 길로 가고 있지는 않은지?

2. 죄를 감지하게 하는 말씀

네게 모든 것을 다 주었고, 행복하게 했는데, 내가 금한 것 하나 못 지켰느냐? 물으신다.

나를 떠나 나의 반역자의 말을 듣고, 반역자의 편에 서서 반역자와 입맞춘 너의 죄를 깨달아야 한다는 것이다.

"○○교회, ○○야, 네가 어디에 있느냐?"

하나님이 주신 복음, 하나님이 주신 축복을 깨달아 알아야 한다.

사단은 하나님과 같이 된다고 하였다. 그러나 실상 그렇게 되었는가? 하나님을 반역하여 얻은 것이 무엇인가?

지혜 대신 우둔해졌고, 영광 대신 수치, 존귀 대신 타락, 행복 대신 가련한 신세가 되었다.

죄는 잠시 잠깐 쾌락을 주는 것 같지만, 그 후에는 고통이 따른다.

죄를 감지하고 회개하여 결과가 좋아지기를 바란다.

아담은 하와에게, 하와는 뱀에게 죄를 뒤집어 씌웠지만, 죄는 그렇다고 전가되는 것이 아니다. 죽음의 저편까지 따라와 억 천만 년 나를 괴롭힐 것이다.

하나님의 슬픔에 찬 음성이다. 예수님께서 예루살렘 성을 내려다보시고 우신 것 같이, 탕자가 자비의 눈으로 돌아온 아들을 보는 것 같은 자비이다. 속히 죄를 감지하고 청산하라는 것이다.

3. 잃은 양을 찾으시는 하나님의 사랑이다.

우둔한 영혼을 깨우치시고, 죄를 깨닫게 하시고, 상실된 처지를 알게 하시고, 적극적인 복귀를 권하는 음성이다.

자신의 타락한 처지가 심대해도 하나님은 찾으신다.

주님의 사랑에 귀를 기울이라.

이 사랑에 귀 기울이지 않으면 심판이 있을 것이다. 하나님 앞에 피할 목숨은 아무도 없다. 이스라엘의 잃어버린 양을 찾으시는 하나님이시다.

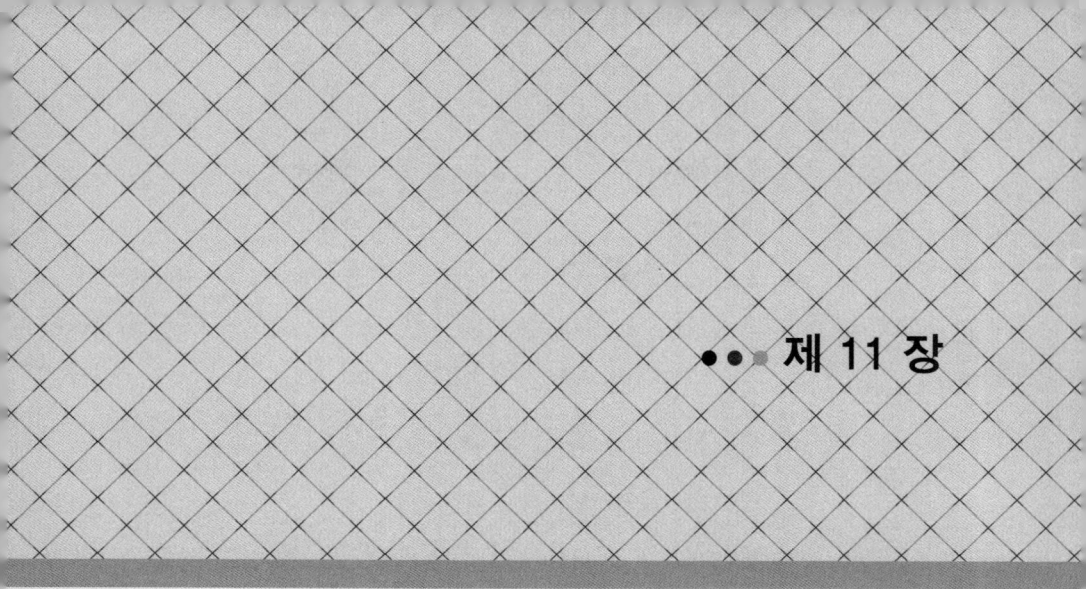

하나님 마음에 합한 인물(人物)
(행 13:13~22; 왕상 9:4)

● ● ● 제 11 장

하나님 마음에 합한 인물(人物)
(행 13:13~22; 왕상 9:4)

1. 마음이 온전한 사람
2. 바른 마음의 사람
3. 하나님 앞에서 행하는 사람
4. 명령에 순종하는 사람

● ● ● 제 11 장

하나님 마음에 합한 인물(人物)
(행 13:13~22; 왕상 9:4)

바울과 및 동행하는 사람들이 바보에서 배 타고 밤빌리아에 있는 버가에 이르니 요한은 그들에게서 떠나 예루살렘으로 돌아가고 그들은 버가에서 더 나아가 비시디아 안디옥에 이르러 안식일에 회당에 들어가 앉으니라
법과 선지자의 글을 읽은 후에 회당장들이 사람을 보내어 물어 이르되 형제들아 만일 백성을 권할 말이 있거든 말하라 하니 바울이 일어나 손짓하며 말하되 이스라엘 사람들과 및 하나님을 경외하는 사람들아 들으라 이 이스라엘 백성의 하나님이 우리 조상들을 택하시고 애굽 땅에서 나그네 된 그 백성을 높여 큰 권능으로 인도하여 내사 광야에서 약 사십 년간 그들의 소행을 참으시고 가나안 땅 일곱 족속을 멸하사 그 땅을 기업으로 주시기까지 약 사백오십 년간이라 그 후에 선지자 사무엘 때까지 사사를 주셨더니 그 후에 그들이 왕을 구하거늘 하나님이 베냐민 지파 사람 기스의 아들 사울을 사십 년간 주셨다가 폐하시고 다윗을 왕으로 세우시고 증언하여 이르시되 내가 이새의 아들 다윗을 만나니 내 마음에 맞는 사람이라 내 뜻을 다 이루리라 하시더니(행 13:13~22)

네가 만일 네 아버지 다윗이 행함 같이 마음을 온전히 하고 바르게 하여 내 앞에서 행하며 내가 네게 명령한 대로 온갖 일에 순종하여 내 법도와 율례를 지키면(왕상 9:4)

집이 가난하면 어진 아내가 생각나고, 나라가 어려울 때는 어진 재상이 생각난다.

종말에 하나님의 교회에는 인물난으로 하나님 마음에 합한 인물이 요구된다.

초기 조선교회에는 길선주, 김익두, 이성봉 등의 부흥 목사들이 있었다. 절대 신앙 수호의 주기철, 최봉석, 최덕기 등 순교 성직자들과 출옥 성도 이승훈 장로 그리고 오산학교, 정유찬, 최태봉… 등의 인물들을 양성하였다.

오늘 우리 교회에 이러한 인물들이 있었으면 얼마나 좋을까?

역사적으로 가난한 나라가 우리나라이다.

자원도 가난하고, 물자도, 지식도, 군비도, 사상도, 어진 인물도, 경제계, 교육계도 인물이 가난하다. 그리고 우리 교회에도 인물이 가난하다.

하나님의 교회를 만세반석 위에 굳게 세우려면 선량한 일꾼을 많이 배출해야 한다.

교회가 구하는 인물은 어떤 인물일까?

사울과 같이 9척 장신의 쾌남일까?

삼손 같은 인물일까?

골리앗 같은 힘센 용사일까?

한(漢)나라 소진장의(蘇秦張儀) 같이 말 잘하는 인물일까?

키케로(Cicero), 데모스테네스(Demosthenes) 같은 웅변가일까?

박학다식한 학·박사일까?

천하 부자 석숭이 같은 사람일까?

카네기나 록펠러 같은 갑부일까?

아니다. 교회에 필요한 인물은 하나님 마음에 합한 사람이다.

교회에는 지식 있는 사람, 지위가 높은 사람, 재물 있는 사람, 권모술수가 있는 사람, 말 잘하는 사람… 있다 해도 하나님 마음에 합한 사람을 보기가 힘들다.

하나님 마음에 합한 사람이 많으면 교회는 부흥 성장할 것이다.

사도행전 13장 22절에서, "이새의 아들 다윗을 만나니 내 마음에 합한 사람이라 내 뜻을 다 이루게 하리라 하시더니"라고 하셨다.

교회가 하나님의 뜻을 받아 이룰 인물을 주시라고 기도해야 한다. 그리고 그러한 인물이 되어야 한다.

난국(경제적으로 難局, 어지럽고 亂局, 혼란스러운 亂國)을 해결할 인물! 하나님의 뜻을 성취할 인물을 주옵소서! 기도해야 한다.

이스라엘 백성이 왕을 구하므로 베냐민 지파 기스의 아들 사울에게 40

여 년간 치리하게 한다. 그후 다윗에게 인계해주셨다.

하나님 마음에 합한 다윗의 인물 됨은 그의 인생을 보면 알 수 있다.

그는 매사에 하나님의 인도하심을 기다리며 사는 삶이었다.

하나님이 직접 다윗의 생애에 대해 평가한 말씀이 있다.

왕상 9:4에서, "네가 만일 네 아비 다윗의 행함 같이 마음을 온전히 하고 바르게 하여 내 앞에서 행하며 내가 네게 명한대로 온갖 것을 순종하여 나의 법도와 율례를 지키면"

위의 말씀을 보면, 네 가지의 평가가 있다. 그 평가는 하나님이 보신 그대로이다.

1. 마음이 온전한 사람

대개 인간은 마음 따로 말 따로 이중적인 생활을 한다.

그러나 다윗은 전심으로 하나님 만을 섬겼다. 전적으로 의지하고 살았다. 그가 젊었을 때, 양치기 목동으로 골리앗과 대전할 때, 사울에게 쫓겨 도망다닐 때나 이스라엘 왕이 되어 천하를 호령할 때, 그의 아들 압살롬의 난을 피해 기드론 시내를 건널 때도, 그 외의 실패에도 마음이 온전했다.(우리아의 일 외에는) 전심으로 하나님을 의지했다.

그의 유명한 시(詩)인 시편 23편을 보면, 하나님은 목자라고 하셨다. 양이 목자를 의지함 같이 하나님을 의지하면 하나님의 마음에 합한 사람이 된다.

역대하 16:9에서, "여호와의 눈은 온 땅을 두루 감찰하사 진심으로 자기에게 향하는 자를 위하여 능력을 베푸시나니…"

하나님의 눈은 온 땅을 감찰하시고 전심으로 주님께 향하는 자에게 능력을 베푸신다고 하셨다.

두 마음, 세 마음을 품고 하나님을 향하면, 하나님이 기뻐하시지 않으신다.

한 발은 배에 딛고, 한 발은 땅에 딛고 있는 사람은 어떻게 될까?

야고보 사도는 "두 마음을 품은 자들아 마음을 성결케 하라"(약 4:8)고 하셨다. 두 마음을 품고 정함이 없는 재물에 소망을 둔 사람은 하나님의 진노를 피할 수 없다.

이러한 사람은 날씨 봐 가면서 예수님 만나는 사람과 같다. 맑으면 맑은 대로 흐리면 흐린 대로 적당히 믿는다.

천국이 있는지 없는지? 신앙생활을 하는지 안 하는지? 하나님을 믿는 것인지 마귀를 좇는 것인지? 유리할 때는 잘 하면서 분리하면 모르는 채 한다. 상당히 지혜로운 것 같이 보이지만 매우 어리석은 사람이다.

불투명한 사람은 하나님의 마음에 합한 사람이 못 된다.

계 3:15에서, "내가 네 행위를 아노니 네가 차지도 아니하고 뜨겁지도 아니하도다 네가 차든지 뜨겁든지 하기를 원하노라"

미지근하면 토하여 내 버리신다고 하셨다.

호 7:8에서, "에브라임이 여러 민족 가운데에 혼합되니 그는 곧 뒤집지 않은 전병이로다"

이스라엘의 선지자는 뒤집지 않은 전병과 같다고 하셨다. 한쪽은 타서 못 먹고, 한쪽은 날 것이라 못 먹는다.

하나님은 전심을 다 하는 자를 원하신다.

"사무엘이 이스라엘 온 족속에게 일러 가로되 너희가 전심으로 여호와께로 돌아오려거든 이방신들과 아스다롯을 너희 중에서 제하고 너희 마음을 여호와께로 향하여 그만 섬기라 너희를 블레셋 사람의 손에서 건져 내

시리라"(삼상 7:3)

하나님보다 더 사랑하는 우상을 버리고 하나님께로 가야 한다. 온전한 마음, 불변하는 신앙을 가져야 한다.

2. 바른 마음의 사람

바른 마음이란, 자기에게는 관대하지만 타인에게는 엄격한 것이 아니라, 둘 다 엄격해야 한다.
어느 편에도 기울지 않는 사람, 똑바르게 살아야 한다.
바른 마음을 가진 사람은 좌우로 치우치지 않는 사람이다.
다윗이 아들 압살롬을 피해 갈 때, 시므이가 저주하였다. 이에 아비새가 죽이겠다 하니, 하나님께서 하신 것이니 그만 두어라며 관대하였다.
인간은 자기에서 합당하면 어떠한 구실을 붙여서 관대할 때가 많다. 이는 바르지 못한 생각이다.
다윗은 나단 선지자에게 면책당할 때, "당신이 바로 그 사람입니다."라는 그 말에 자기 자신이 각성하고 회개했다.

나단으로부터 하나님의 추상과 같은 책망과 징계를 들은 다윗은 그 즉시 무릎을 꿇고 진심으로 회개하였다. 이러한 다윗의 회개를 들으신 하나님께서는 그의 죄를 용서하신다고 말씀하셨다. 엄청난 죄악을 범하였음에도 불구하고 다윗이 계속해서 이스라엘의 위대한 왕으로 남을 수 있었던 비결이 바로 여기에 있었던 것이다. 하나님은 마지막까지 다윗을 사랑하셔서 그에게 회개의 기회를 주시고 그를 죽음에서 건지셨다. 다윗은 마지막 기회를 놓치지 않고 회개함으로써 구원을 얻을 수가 있었던 것이다.
일생동안 목자로 살 자기를 불러 이스라엘 집의 주인되게 하신 하나님의 뜻에 반하였다는 것을 깨달은 것이다. 그리고 겸손하게 기도했다.
이런 바른 마음을 가진 소수자가 필요하다. 마음이 바른 사람이 되어야 한다.

마음이 구부러진 사람은 하나님 없이 살려는 사람이다. 양심 없이 살려는 사람이다. 그저 바람 부는 대로, 물결치는 대로 살아서는 안 된다.

말 한 마디로, 점심 한 끼로, 좌로 우로 치우쳐서는 안 된다.

물질에 끌리고, 권력 앞에 지식 앞에 끌리고, 인간과 사정에 얽매이면 바른 마음을 못 갖게 된다.

인간은 나약해서 불의를 보고도 잠잠하고, 분명히 잘못된 것인 줄 알고, 양심의 가책을 받으면서도 못 고치는 사람들도 있다.

하나님이 가라 하였다고 간 발람 선지자는 어그러진 길로 갔다고 했다. 하나님은 그 마음에 합한 사람을 찾는다.

바른 마음을 소유한 사람은 다니엘과 같이 어떠한 곳에서든지 죽음을 두려워하지 않고, 하나님께만 향하여 있는 사람이다. 하나님은 그러한 마음에 합한 인물을 찾으신다.

하나냐와 미사엘과 아사랴와 같이 하나님을 섬기는데 어떠한 위협이 있어도 생명을 걸고 하나님께 향한 바른 마음을 고수해야 한다.

엘리야 같은 사람, 나단과 같은 인물, 미가야 같은 인물, 세례 요한과 같은 인물, 사도 바울과 같은 인물… 등은 권력이나 황금에 끌리지 않는 인물이다. 언제 어디서나 항상 바른 마음으로 행위가 온전하여 하나님을 기쁘시게 하는 사람, 바른 마음을 갖는 사람이 되어야 한다.

3. 하나님 앞에서 행하는 사람

어디로 가든지, 무엇을 하든지 하나님 앞에서 행하는 사람이 되어야 한다.

사망의 음침한 골짜기로 다닐지라도 해를 두려워하지 않을 것은 하나님이 함께하시기 때문이다. 양이 목자를 떠나지 못함 같이, 하나님과 동행하는 사람도 하나님과 함께 해야 살 수 있다.

마 5:48에서, "너희 아버지의 온전하심과 같이 너희도 온전하라"고 하셨다.

하나님 앞에서 행하라. 이는 사람 앞에서 행하는 것과는 다르다.

하나님 앞에서의 행함은 경건된 삶이다. 인간은 사람 앞에서 행하는 것을 좋아한다.

바리새인은 구제도 사람들이 보는 데서, 기도도, 금식도 사람들이 보는 데서 행하였다. 우리 주님께서는 구제할 때 오른 손이 하는 것을 왼손이 모르게 하고, 기도도 골방에 들어가 하라고 하셨다. 금식할 때에도 머리에 기름 바르고 사람들이 모르게 하라고 하셨다.

하나님 앞에서 대기하는 생활, 두루두루 사방에 눈이 가득한 환경 가운데서도, 명령만 내려지면 직행하는 것이 의무이다. 하나님의 명령이 내려지면, 소유한 생명까지도 드리려는 사람이 필요하다.

하나님 앞에서 행하는 사람은, 하나님의 임재를 의식하고, 하나님을 모시고 사는 생활을 하는 사람이다. 그러한 사람이 하나님 마음에 합한 사람이다.

하나님의 종인 우리는 하나님을 모시고 살며, 언제나 하나님 앞에서 행하는 사람이 되어야 한다. 그런데 하나님 앞에 사는 것을 의식하지 못하고 있는 것이 문제이다.

하나님을 기쁘시게 하랴? 사람을 기쁘게 하랴?

우리는 사람 앞에서 주눅이 들고, 비겁해지고, 무력해진다.

하나님 앞에 사는 사람은 하나님의 눈을 의식하는 것 외에는 아무 사람의 눈도 두려울 것이 없다. 담대하게 확신을 가지고 살게 된다.

하나님의 사람 엘리야는 생사가 달린 문제를 갖고서도 아합 왕에게 담대하게 외쳤다.

왕상 21장 28~29에서, "여호와의 말씀이 디셉 사람 엘리야에게 임하여 가라사대 아합이 내 앞에서 겸비함을 네가 보느냐 저가 내 앞에서 겸비함을 인하여 내가 재앙을 저의 시대에 내리지 아니하고 그 아들의 시대에야 그 집에 재앙을 내리리라 하셨더라" 즉, 네 집이 말할 것이라고 외친 것이다.

태산 같은 노도(怒濤), 강풍이 불어와도, 요지부동(搖之不動) 하는 하나님의 사람이 되어야 한다.

4. 명령에 순종하는 사람

하나님께서 사울을 버리신 이유는,

삼상 15:9에서, "사울과 백성이 아각과 그 양과 소의 가장 좋은 것 또는 기름진 것과 어린 양과 모든 좋은 것을 남기고 진멸키를 즐겨 아니하고 가치 없고 낮은 것은 진멸하니라" 여기에서 하나님께서는 아말렉을 쳐서 그들의 모든 소유를 남기지 말고 진멸하되 남녀와 소아와 젖 먹는 아이와 우양과 낙타와 나귀를 죽이라 하셨으나 사울은 순종하지 않았다.

또한, **삼상 13:8~13에서,** "사울은 사무엘이 정한 기한대로 이레 동안을 기다렸으나 사무엘이 길갈로 오지 아니하매 백성이 사울에게서 흩어지는지라 사울이 이르되 번제와 화목 제물을 이리로 가져오라 하여 번제를 드렸더니 번제 드리기를 마치자 사무엘이 온지라 사울이 나가 맞으며 문안하매 사무엘이 이르되 왕이 행하신 것이 무엇이냐 하니 사울이 이르되 백성은 내게서 흩어지고 당신은 정한 날 안에 오지 아니하고 블레셋 사람은 믹마스에 모였음을 내가 보았으므로 이에 내가 이르기를 블레셋 사람들이 나를 치러 길갈로 내려오겠거늘 내가 여호와께 은혜를 간구하지 못하였다 하고 부득이 하여 번제를 드렸나이다 하니라 사무엘이 사울에게 이르되 망령되이 행하였도다 왕이 왕의 하나님 여호와께서 왕에게 내리신 명령을 지키지 아니하였도다 그리 하였더라면 여호와께서 이스라엘 위에 왕의 나라를 영원히 세우셨을 것이거늘" 즉, 사울은 제사장직을 월권하였다.

이에 하나님께서 다윗을 선택하신 이유는 그가 순종하는 사람이었기 때문이다.

삼상 15:22에서, "사무엘이 가로되 여호와께서 번제와 다른 제사를 그 목소리 순종하는 것을 좋아하심 같이 좋아하시겠나이까 순종이 제사보다 낫고 듣는 것이 수양의 기름보다 나으니"

번제나 재물보다 말씀에 순종하는 것이 더 낫다고 하셨다.

말씀을 버리면 나도 버린다. 하나님께서는 말씀을 거역하는 것을 미워하신다. 순종하는 자를 선택하여 그의 백성으로 삼으신다.

순종하는 자에게 복을 주신다. 노아도, 아브라함도, 이삭도, 모세도, 다윗도 모두 순종하는 사람들이었다. 우리는 모두 하나님 앞에 순종해야 할 의무가 있다.

순종은 하나님의 사람이, 불순종은 마귀의 종이 하는 것이다. 시조 아담이 마귀의 말에 순종하여 모든 사람이 죄를 범한 것이 되었으나, 둘째 아담이신 예수님은 하나님께 순종하였다.

독생자 예수님이라도 순종함으로 하나님의 마음에 합하였거든 하물며 우리 같은 사람이랴?

현대 교회가 직면한 심각한 문제는 자유주의이다. 순종은 봉건시대의 유물로 생각하고 노예의 도덕이라고 치부하는 경향들이 있다. 니체의 파괴주의 철학이 하나님의 교회에서도 횡행하고 있다.

개신교, 프로테스탄트도 때때로 반항의식이 충만해서 주권을 주장하다 순종을 못 찾을 때가 있다. 하나님의 뜻을 성경을 통해 겸손히 받아 순종해야 한다. 순종하는 사람은 하나님의 마음에 합하게 된다.

교회는 인물을 구한다. 그런데 지식인, 웅변가를 구하고, 수단 좋은 사람, 부자, 힘센 사람을 구하는가? 아니다. 하나님의 마음에 합한 사람, 온전한 마음, 바른 마음, 하나님 앞에 사는 사람, 하나님의 말씀에 순종하는 사람을 찾아야 한다.

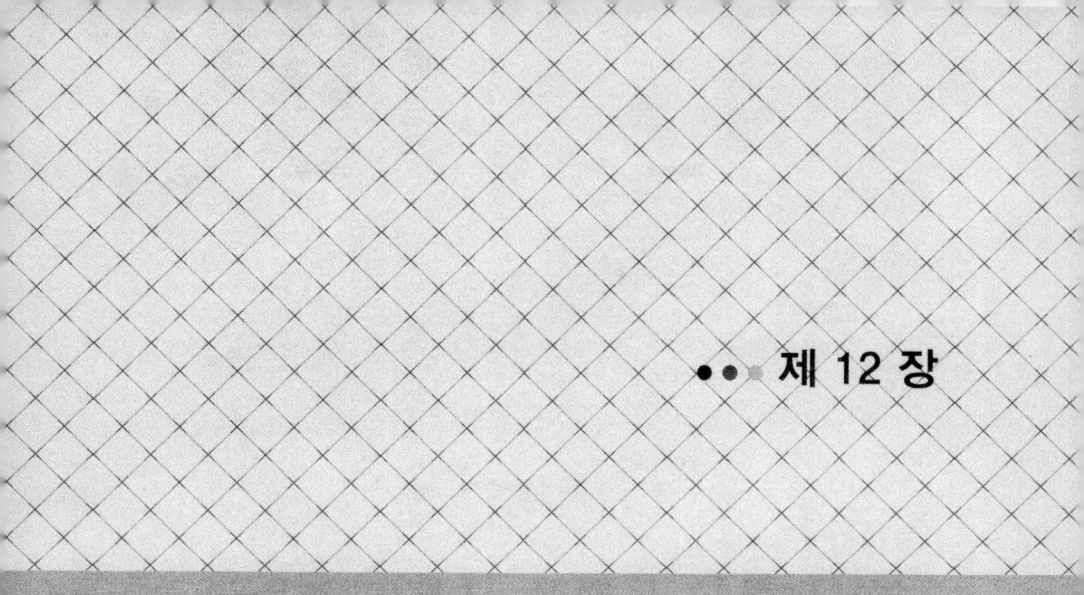

제 12 장

위대한 경주는 푯대를 향한다!
(빌 3:12~14)

● ● ● 제 12 장

위대한 경주는 푯대로 향한다!(빌 3:12~14)

1. 위대한 경주자는 큰 상을 얻는다.
2. 높은 목표를 향해서 경주하는 사람
3. 앞으로 가려면 뒤의 것을 잊어야 한다.

●●● 제 12 장
위대한 경주는 푯대로 향한다!
(빌 3:12~14)

내가 이미 얻었다 함도 아니요 온전히 이루었다 함도 아니라 오직 내가 그리스도 예수께 잡힌 바 된 그것을 잡으려고 달려가노라 형제들아 나는 아직 내가 잡은 줄로 여기지 아니하고 오직 한 일 즉 뒤에 있는 것은 잊어버리고 앞에 있는 것을 잡으려고 푯대를 향하여 그리스도 예수 안에서 하나님이 위에서 부르신 부름의 상을 위하여 달려가노라(빌 3:12~14)

레너드 번스타인(Leonard Bernstein)이란 미국 음악가가 400명의 대합창단 지휘를 너무 잘했다. 워싱턴 포스트지 기자가 그를 인터뷰하며 "당신의 나이는 어떻게 됩니까?"라며 물었더니, 그 미국 음악가는 "내게는 연령이 없소."라고 했다고 한다. 보람찬 푯대를 향하여 정력을 기울이고, 삶을 불태우는 사람에게는 나이가 문제되지 않는다. 마지막 순교의 날을 앞둔 사도 바울이 외친다.

빌 3:13~14, "형제들아 나는 아직 내가 잡은 줄로 여기지 아니하고 오직 한 일, 즉 뒤에 있는 것은 잊어버리고 앞에 있는 것을 잡으려고 푯대를 향하여 그리스도 예수 안에서 하나님이 위에서 부르신 부름의 상을 위하여 좇아가노라"

사도 바울은 앞에 있는 목표를 향해서 뒤엣 것을 잊어버리고 지금도 달려간다고 했다. 인생의 위대한 경주를 푯대를 향해 가라.

영국학자 E. H 카의 『새로운 사회(1951)』라는 책에서, "하나님의 영광에까지 도달하는 것이 그 삶의 목표이며 본분이다. 그래야 축복받는다."고 했다. 이 경주를 계속하여 푯대에 이를 때까지 계속해야 한다.

1. 위대한 경주자는 큰 상을 얻는다.

하나님의 부르심의 상을 좇아가라는 말씀은 종말에 상이 있다는 말씀이다.

롬 8:18. "생각건대 현재의 고난은 장차 우리에게 나타날 영광과 족히 비교할 수 없도다"

경주에서나 시합에서는 상이 있다. 아테네 올림픽 선수가 경기에서 1등 하면, 500 드라크마의 상금이 주어졌다. 그리고 어느 식당에 가든지 공짜 식사를 할 수 있고, 공개적인 축하 행사에서 귀빈석을 차지할 수 있는 권리와 평생 연금을 받았다고 한다.

한 사람이 95가정을 교회로 이끌었다는 사람도 있다. 상 받을 사람이다.

톨스토이의 『바보 이반』이라는 글을 보면, 어느 날, 이반이 살고 있는 나라에 공주님이 살았는데 그 공주님은 매우 아팠다. 임금님은 나라 곳곳에 공주의 병을 고치는 사람에게 많은 상금을 주고 그 사람이 총각이라면 공주와 결혼시키겠다는 방을 붙였다. 이반은 작은 악마들과 싸울 때 한 악마가 어떤 병이나 고칠 수 있는 나무 뿌리를 준 적이 있었다는 게 생각났다. 그래서 그 뿌리를 공주님한테 줘야겠다는 생각이 들었다. 그래서 이반은 공주님한테 뿌리를 먹였는데 금방 나았다. 그래서 이반과 그 공주님은 오래오래 행복하게 잘 살았다고 한다.

볼품 있는 사람도 아니요, 높은 지위에 있는 사람도 아니요, 일을 많이 해서 손에 굳은 살이 박힌 사람이었다.

사람은 빈부의 차이로가 아니라, 주님의 일을 하는 자와 그렇지 않은 자로 나뉜다. 위대한 경주자는 위대한 상을 얻기 위하여 쉬지 않고 주님의 일을 하는 자이다.

"매일 새 날을 주신 하나님, 감사합니다. 이 날도 주님 의지하고 살겠습니다. 주님을 신뢰하는 믿음을 주옵소서. 담대한 마음 주옵소서. 시들지 않는 소망을 주옵소서. 매일 정결한 생각 주옵소서. 목표가 정결하고 확실하게 하소서. 관대한 마음 주소서. 판단을 바르게 하게 하옵소서. 인내를 주옵소서. 인간관계에서 이기적이지 않게 하소서. 말과 행동이 타인에게 해를 주지 않게 하옵소서. 꿈을 실현하게 하옵소서. 찬국을 향한 위대한 경주가 되게 하소서."

2. 높은 목표를 향해서 경주하는 사람

바울은 빌 3:12에서, "내가 이미 얻었다 함도 아니요 온전히 이루었다 함도 아니라 오직 내가 그리스도 예수께 잡힌 바 된 그것을 잡으려고 좇아가노라"고 했다.

우리는 매일, 매년 달려가야 한다. 유대인 격언에 "꿈은 결코 이루어지지 않는다. 꿈은 실현됨으로 끝나는 것이 아니라 다시 더 높은 목표를 향해 경주하는 것"이라고 했다. 더 높은 목표를 향해 가는 사람이 되어야 한다. 높은 산, 험준한 산, 봉우리를 점령한 사람은 더 높은 산을 점령해 가려는 목표를 갖는다. 꿈은 실현되어짐으로 끝나는 것이 아니라 또 다른 꿈으로 전환되어 진다는 것이다.

위대한 경주의 성취 여부는 삶의 목표를 두고 사느냐에 따라 결정된다. 현대인은 지극히 낮은 목표를 두고 살다가 실패하는 경우가 많다.

돈이 인생의 목적인 줄 아는 사람, 돈 버는 일에만 총력을 기울이다가 인격은 구두쇠화 되고 파괴된다. 재물만 쌓는 것이 인생의 궁극적인 목적은 아니다. 그것이 성공도 아니다.

사람들은 사회적으로 높은 지위와 권력을 가지려고 한다. 수단과 방법 가리지 않고 타인을 짓밟고, 높은 지위를 얻는 권력자들이 많다. 그것이 인생 경주의 목표인 줄 아는 패배자들이 많다.

박식한 것이 인생의 목표인 줄 알고, 학위도 얻고, 지식도 쌓고 걸어다니는 백과사전이란 말 듣는 것이 인생의 푯대가 될 수는 없다.

바울의 푯대는 이러한 저속하고 낮은 푯대가 아니라 그리스도 안의 높은 푯대였다. 그리스도 안의 목표는 좌절이란 없다. 그리스도께 삶의 목표를 두는 사람은 하나님의 사랑을 받는 것만으로도 자족한다.

롬 8:28, "우리가 알거니와 하나님을 사랑하는 자 곧 그 뜻대로 부르심을 입은 자들에게는 모든 것이 합력하여 선을 이루느니라"

어떠한 세찬 바람, 높은 파도에도 목표가 변해서는 안 된다.

세계 2차 대전 때, 독일의 수많은 폭격기가 영국을 폭격하였다. 런던이 불바다가 되었다. 당시 윈스턴 처칠이 지하실에서 작전 명령을 내리고 있었다. 그리고 17시간 동안의 작전이 성공하였다. 이후 수상 직을 물려주고 저서 집필 중, 선교대회에 초청받아 다음과 같은 연설을 했다.

"결코 포기하지 마시오! 결코! 결코!"

하나님이 주신 삶의 목적과 푯대를 향하여 결코 포기하지 말고 전진해 나가야 한다.

3. 앞으로 가려면 뒤엣 것을 잊어야 한다.

달려가면서 뒤, 옆을 보면서 가는 사람은 실패한다.
앞으로만 가야 한다.
바울은 인생을 경기에 비유하면서 성공적인 삶의 3대 원칙에 대해,
첫째, 목표는 하나이다. 여러 가지를 보면 성공하지 못한다.
둘째, 거리끼는 것은 없애버려야 한다. 과거와 현재 모든 거리끼는 것에서 벗어나야 한다.
셋째, 끊임없이 노력해야 한다. 과거의 감정에 사로잡혀서도 안 된다. 열등의식을 버려야 한다.
실패, 증오심, 패배의식을 버려야 한다. 실수도 잊고, 성공한 것도 잊어

야 한다. 다만, 하나님 나라를 위해 끊임없이 노력해야 한다. 그것만이 성공한다. 전력투구해야 한다.

손에 쟁기를 잡고 뒤를 돌아보지 말아야 한다. 롯의 처는 뒤를 돌아보다가 소금기둥이 되었다.

러시아 생물학자 파블로프는 개들을 이용한 조건 반사의 잔인성을 깨닫게 한 사람이다. 볼셰비키 혁명 이후의 러시아는 과학을 초강대국의 경쟁 분야들에 대한 어디 하나 뺄 수 없는 귀중한 기술력을 바탕으로 하여 과학의 본질에 눈을 떴다.

혁명 당시 파블로프는 "혁명은 밖에서보다 안에서 일어나야 한다"고 했다.

내 안에서 혁명이 일어나야 한다. 날마다 전진해가야 한다.

끝까지 버티는 신앙, 이런 신앙 만이 최후 승리를 거둘 수 있다.

현대인은 레이더 인간형이다. 불도저 인간형이 필요하다.

레이더 인간형은 앞으로는 가나 높다. 그러나 앞으로 가는데도 좀 더 빨리 확실히 위대한 경주를 해야 한다. 그리스도의 푯대를 향해 가자!

제 13 장

에녹의 신앙을 본받자!
(창 5:18~26; 히11:5)

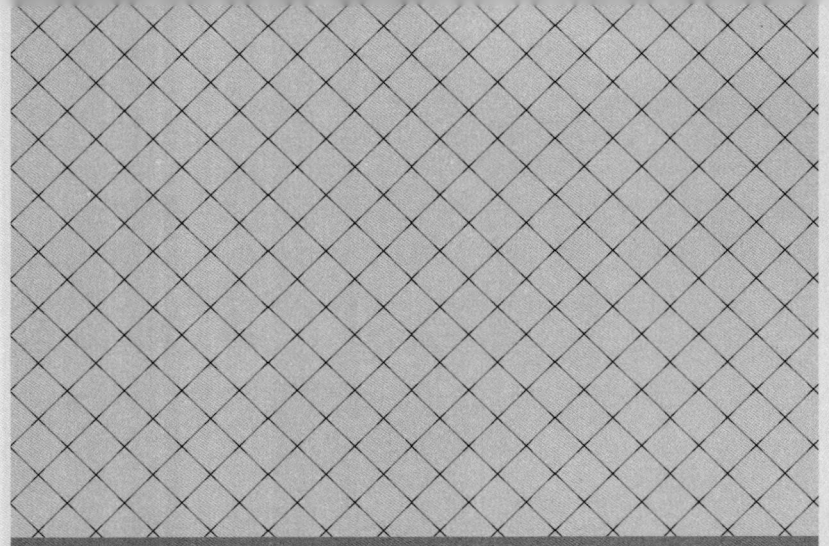

● ● ● 제 13 장

에녹의 신앙을 본받자!(창 5:18~26; 히 11:5)

1. 하나님께 인정받는 신앙인
2. 인정받는 신앙생활의 내용
3. 인정받는 에녹, 승천했다.

●●● 제 13 장

에녹의 신앙을 본받자!

(창 5:18~26; 히 11:5)

야렛은 백육십이 세에 에녹을 낳았고 에녹을 낳은 후 팔백 년을 지내며 자녀들을 낳았으며 그는 구백육십이 세를 살고 죽었더라 에녹은 육십오 세에 므두셀라를 낳았고 므두셀라를 낳은 후 삼백 년을 하나님과 동행하며 자녀들을 낳았으며 그는 삼백육십오 세를 살았더라 에녹이 하나님과 동행하더니 하나님이 그를 데려가시므로 세상에 있지 아니하였더라 므두셀라는 백팔십칠 세에 라멕을 낳았고 라멕을 낳은 후 칠백팔십이 년을 지내며 자녀를 낳았으며(창 5:18~26)

믿음으로 에녹은 죽음을 보지 않고 옮겨졌으니 하나님이 그를 옮기심으로 다시 보이지 아니하였느니라 그는 옮겨지기 전에 하나님을 기쁘시게 하는 자라 하는 증거를 받았느니라(히 11:5)

성경에서 에녹에 대한 기록은 창세기 5장과 히브리서 11장과 유다서에 기록되어 있다. 성경에 기록된 대로 "에녹의 신앙을 본 받자"라는 제목으로 그의 신앙생활과 그의 예언과 그가 받은 축복에 대해 나눠보자.

1. 하나님께 인정받는 신앙인

히 11:5에서, "믿음으로 에녹은 죽음을 보지 않고 옮겨졌으니 하나님이 그를 옮기심으로 다시 보이지 아니하였느니라 그는 옮겨지기 전에 하나님을 기쁘시게 하는 자라 하는 증거를 받았느니라"

성경이 믿음의 사람이라고 인정하고 있다. 하나님께서 인정해주신 신앙인이었다.

사람들로부터 인정받는 신자라도 하나님께 인정 못 받으면 큰일이다.

또 불신자가 전연 저 사람은 신자가 아니야, 우리와 똑 같은 사람이야 라는 평가를 듣는 것도 큰일이다.

성서는 외인(外人)에게도 인정받아야 한다고 기록하고 있다.

없는 믿음 있는 체 가장하여 사람들에게 인정받을 수도 있다.

그러나 스데반은 사람들에게 인정받지 못 해도 하나님께 인정받은 사람이다.

하나님 앞에서는 위장이 될 수 없다. 하나님은 착각도 하시지 않으신다.

하나님께 인정받지 못하면 결정적으로 문제가 있다는 것을 알아야 한다.

나는 하나님께 인정받는 사람인가? 그렇지 않은 사람인가?

마 7:22~23에서, "그날에 많은 사람이 나더러 이르되 주여 주여 우리가 주의 이름으로 선지자 노릇하며 주의 이름으로 귀신을 쫓아내며 주의 이름으로 많은 권능을 행치 아니하였나이까? 하리니 그때 내가 저희에게 밝히 말하되 내가 너희를 도무지 알지 못하니 불법을 행하는 자들아 내게서 떠나가라 하리라"

고후 13:5에서, "너희는 믿음 안에 있는가 너희 자신을 시험하고 너희 자신을 확증하라 예수 그리스도께서 너희 안에 계신 줄을 너희가 스스로 알지 못하느냐 그렇지 않으면 너희는 버림받은 자니라"

신앙의 유무(有無)를 확증하라!

하나님께 인정받는 믿음이 있는가? 없는가?

2. 인정받는 신앙생활의 내용

우리 믿는 신자는 믿음과 생활이 일치해야 한다.

믿음과 생활이 무슨 관계가 있는가? 믿음은 영혼에 관한 것이고, 생활은 육체에 관한 것이다.

믿음은 사상이요, 생활은 행동이라고 할 수 있다.

믿음은 나무요, 생활은 열매이다.

믿음에 있으면 생활이 있어야 한다. 행함이 없는 믿음은 죽은 믿음이다.

약 2:17~26을 보면,

2:17. 이와 같이 행함이 없는 믿음은 그 자체가 죽은 것이라
2:18. 혹이 가로되 너는 믿음이 있고 나는 행함이 있으니 행함이 없는 네 믿음을 내게 보이라 나는 행함으로 내 믿음을 네게 보이리라
2:19. 네가 하나님은 한 분이신 줄을 믿느냐 잘 하는도다 귀신들도 믿고 떠느니라
2:20. 아아 허탄한 사람아 행함이 없는 믿음이 헛 것인 줄 알고자 하느냐
2:21. 우리 조상 아브라함이 그 아들 이삭을 제단에 드릴 때에 행함으로 의롭다 하심을 받은 것이 아니냐
2:22. 네가 보거니와 믿음이 그의 행함과 함께 일하고 행함으로 믿음이 온전케 되었느니라
2:23. 이에 경에 이른 바 이브라함이 하나님을 믿으니 이것을 의로 여기셨다는 말씀이 응하였고 그는 하나님의 벗이라 칭함을 받았나니
2:24. 이로 보건대 사람이 행함으로 의롭다 하심을 받고 믿음으로만 아니니라
2:25. 또 이와 같이 기생 라합이 사자를 접대하여 다른 길로 나가게 할 때에 행함으로 의롭다 하심을 받은 것이 아니냐
2:26. 영혼 없는 몸이 죽은 것같이 행함이 없는 믿음은 죽은 것이니라

생활이 없는 믿음은 죽은 믿음이다. 이상이 성서적 공식이다.

① 하나님과 동행하는 생활

창 5:22~23, "므두셀라를 낳은 후 삼백 년을 하나님과 동행하며 자녀들을 낳았으며 그는 삼백육십오 세를 살았더라"

두 번이나 하나님과 동행했다고 나온다. 하나님과 같이 걸었다는 말은 하나님께서 앞서가는 동행이다. 하나님과 같이 걸었다는 것은 더 친근하다는 말로, 완전 접근, 하나된 것 같이 걸었다는 것이다.

예수님께서는 **요 15:4에서,** "내 안에 거하라 나도 너희 안에 거하리라"

고 하셨다. 내가 주님 안에 주님이 내 안에 모신 생활을 해야 한다. 사상이 같아야 의견이 동일하고 목적이 같아야 하나 될 수 있다.

암 3:3에서, "두 사람이 뜻이 같지 않은데 어찌 동행하겠으며"라고 하셨다. 두 사람이 의합하지 못하고 어찌 동행할 수 있겠는가?

하나님과 나의 의견이 같아질 방법은 내가 같이 가자고 해서는 안 되는 것이다. "하나님께서 가시는 곳에 내가 가겠습니다."라며 따라야 한다.

하나님의 길은 내 길보다 높으며, 하나님의 생각은 내 생각보다 높다.

사 55:8~9, "이는 내 생각이 너희의 생각과 다르며 내 길은 너희의 길과 다름이니라 여호와의 말씀이니라 이는 하늘이 땅보다 높음 같이 내 길은 너희의 길보다 높으며 내 생각은 너희의 생각보다 높음이니라"

하나님의 길을 가려 하고 그 뜻에 순종해야 한다. 그래야 분리되지 않고 같이 있게 된다. 주님이 잊지 않으신다. 그리스도인이 하나님 없이 산 날, 달, 년 수가 얼마인지? 하나님을 기억하면서 얼마나 살았는지?

② 하나님을 기쁘시게 했다.

히 11:5에서, "믿음으로 에녹은 죽음을 보지 않고 옮겨졌으니 하나님이 그를 옮기심으로 다시 보이지 아니하였느니라 그는 옮겨지기 전에 하나님을 기쁘시게 하는 자라 하는 증거를 받았느니라"

하나님을 기쁘시게 했다는 증거가 있어야 한다. 하나님을 기쁘시게 하는 방법은,

A. 믿음으로. 히 11:6에서, "믿음이 없이는 하나님을 기쁘시게 하지 못하나니"라고 하셨다.

B. 하나님께 순종함으로. 삼상 15:22에서, "사무엘이 이르되 여호와께서 번제와 다른 제사를 그의 목소리를 청종하는 것을 좋아하심 같이 좋아하시겠나이까 순종이 제사보다 낫고 듣는 것이 숫양의 기름보다 나으니"

기독교 윤리의 근본은 순종이다.

C. 하나님의 열심으로 일하는 사람을 기뻐하신다. 롬 12:11에서, "부지

런하여 게으르지 말고 열심을 품고 주를 섬기라", 고전 15:58에서, "그러므로 내 사랑하는 형제들아 견실하며 흔들리지 말고 항상 주의 일에 더욱 힘쓰는 자들이 되라 이는 너희 수고가 주 안에서 헛되지 않은 줄 앎이라"

③ 그의 예언 심판과 정죄다.

유 14~15에서, "아담의 칠대 손 에녹이 이 사람들에 대하여도 예언하여 이르되 보라 주께서 그 수만의 거룩한 자와 함께 임하셨나니 이는 뭇 사람을 심판하사 모든 경건하지 않은 자가 경건하지 않게 행한 모든 경건하지 않은 일과 또 경건하지 않은 죄인들이 주를 거슬러 한 모든 완악한 말로 말미암아 그들을 정죄하려 하심이라 하였느니라"

경건하지 않은 일, 강퍅한 것 심판하시고, 정죄하시기 전 노하신다. 선지자나 하나님 사랑 강조한 분도, 공의(公義)를 강조한 분도, 믿음을 강조한 분도, 행함을 강조한 분도, 에녹 심판과 공의를 선포했다.

3. 인정받는 에녹, 승천했다!

창세기 5장에서, 아담도, 셋도, 에노스도 죽었다. 그 외 사람들도 다 죽었다. 그러나 에녹만 승천했다. 하나님과 교제가 깊어지고, 사랑받고, 신실하게 믿다가 데려감을 입었다. 엘리야도 승천했고, 예수님도 승천하셨다.

그의 일생이 하나님께 인정받는 신앙이었다.

하나님과 동행하고 하나님을 기쁘시게 하고 심판, 경고하다가 하늘로 갔다. 그들의 삶을 본 받아야 한다.

하나님과 동행하고 하나님을 기쁘시게 하자.

하나님의 경고와 심판을 선포하다가 부름받자.

제 14 장

교회의 사명
(눅 3:7~20)

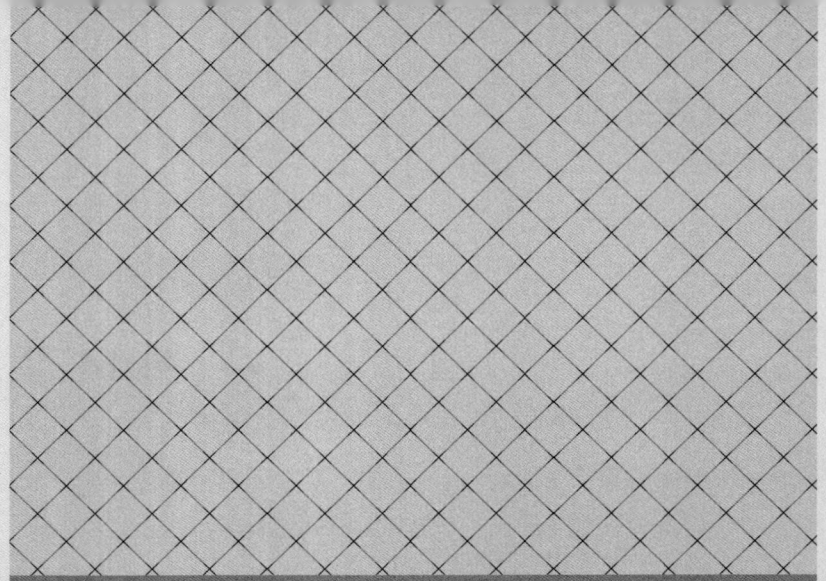

● ● ● 제 14 장

교회의 사명(눅 3:7~20)

1. 혁신적인 회개의 사명
2. 정화할 사명
3. 복음 전파의 사명

● ● ● 제 14 장
교회의 사명
(눅 3:7~20)

요한이 세례 받으러 나아오는 무리에게 이르되 독사의 자식들아 누가 너희에게 일러 장차 올 진노를 피하라 하더냐 그러므로 회개에 합당한 열매를 맺고 속으로 아브라함이 우리 조상이라 말하지 말라 내가 너희에게 이르노니 하나님이 능히 이 돌들로도 아브라함의 자손이 되게 하시리라 이미 도끼가 나무 뿌리에 놓였으니 좋은 열매 맺지 아니하는 나무마다 찍혀 불에 던져지리라 무리가 물어 이르되 그러면 우리가 무엇을 하리이까 대답하여 이르되 옷 두 벌 있는 자는 옷 없는 자에게 나눠 줄 것이요 먹을 것이 있는 자도 그렇게 할 것이니라 하고 세리들도 세례를 받고자 하여 와서 이르되 선생이여 우리는 무엇을 하리이까 하매 이르되 부과된 것 외에는 거두지 말라 하고 군인들도 물어 이르되 우리는 무엇을 하리이까 하매 이르되 사람에게서 강탈하지 말며 거짓으로 고발하지 말고 받는 급료를 족한 줄로 알라 하니라 백성들이 바라고 기다리므로 모든 사람들이 요한을 혹 그리스도신가 심중에 생각하니 요한이 모든 사람에게 대답하여 이르되 나는 물로 너희에게 세례를 베풀거니와 나보다 능력이 많으신 이가 오시나니 나는 그의 신발끈을 풀기도 감당하지 못하겠노라 그는 성령과 불로 너희에게 세례를 베푸실 것이요 손에 키를 들고 자기의 타작 마당을 정하게 하사 알곡은 모아 곳간에 들이고 쭉정이는 꺼지지 않는 불에 태우시리라 또 그밖에 여러 가지로 권하여 백성에게 좋은 소식을 전하였으나 분봉 왕 헤롯은 그의 동생의 아내 헤로디아의 일과 또 자기가 행한 모든 악한 일로 말미암아 요한에게 책망을 받고 그 위에 한 가지 악을 더하여 요한을 옥에 가두니라(눅 3:7~20)

세례 요한은 제사장 아버지 모시고, 제사장으로 먹고, 입고, 사는데 존경받고, 권력 누리고, 말하면 다 되는 자유자재의 사람으로 세상 사람이 볼 때에 행복하게 그의 생애를 살다 갈 수 있었다. 그러나 그는 그의 사명이 무엇인지 분명히 깨달았다.

그리스도인은 사명이 있다.

구원자로 강림하시는 예수님의 오실 길을 예비하는 것이 그의 사명이다.

광야에서 성장한 요한은 하나님의 뜻 따라 요단강에서 예수님께 세례의 식을 행하였다. 그의 사명은 3가지이다. ① 기본 교인을 혁신하는 회개운동 ② 사회를 바르게 정화하는 운동 ③ 예수님은 구원자시다라는 복음 전파. 이러한 사명 감당하다가 순교당했다.

우리도 세례 요한처럼 회개운동, 사회정화, 복음 전파의 사명을 감당하여 순교를 각오하고 힘 있게 외치고 주님의 뜻 이루어지도록 힘쓰는 자들이 되어야 한다.

1. 혁신적인 회개의 사명

현대 교회는 복을 기원하는 신앙, 부자 우대, 가난은 천대하는 풍조가 만연하다.

지식 우월주의, 물질주의, 교권주의, 임시 편법주의, 현실 도피주의로 병든 상태이다. 이러한 것들을 조심해야 한다. 이상 잘못이 있으면 혁신적인 회개가 필요하다.

정의(正義)와 사랑이 병행되어야 한다.

식어진 사랑, 적어진 사랑, 변한 사랑을 회개해야 한다.

소금과 빛의 사명 못 다 한 것도 회개해야 한다.

제사장 사명 못 한 것, 목자로서의 사명 못 한 것 회개하고 혁신해야 한다.

우리 교회가 선지자의 사명을 감당해야 한다.

과거에는 교회가 사회의 본이 되고 민족이 가야 할 길을 제시했다. 많은 사람들이 교회를 찾았다.

일제의 탄압에서 벗어났으나 생명을 발휘할 힘을 잃어버렸다.

자기 도취, 자기 비대의 깊은 잠에서 깨어나야 할 때이다. 민중을 따라가는 교회가 되어서는 안 된다.

일제의 마수가 사라졌지만, 36년 이후 현재까지 계속 종교적으로 위기이다.

공산 치하에서 교회는 멸시를 받았다.

자유인 우리도 직접, 간접 탄압을 받았고, 부정 부패의 억압을 받았다. 신학교들도 억압을 받았다.

교회가 세상에서 이웃의 슬픔과 같이 하고 아픔에 참여해야 한다.

교회가 세상의 지식과 권력과 물질과 야합하면, 교회도 국가도 망한다. 불의를 책망하고 바른 방향을 제시하는 선지자적 사명을 다 해야 한다.

교회는 종교 의식만 있고, 사랑의 실천이 없어져가고 있다. 이래서는 안 된다.

십자가와 수치, 부끄러움… 내가 지켰다는 사명이 결여되지 않았는가?

역사의 지배자가 아닌 역사의 낙오자가 아닌지 돌아보아야 한다.

오늘, 세례 요한이 우리 교회에 왔다면, 그때처럼 독사의 자식들아! 회개에 합당한 열매를 맺으라! 라고 외치지 않을까?

회개하지 않으면 심판을 면하지 못 할 것이다.

내가 고쳐야 할 것이 무엇인지 깨달아 고쳐야 한다.

2. 정화할 사명

자신을 정화해야 한다.

① 자신을 정화해야 한다.

매일, 생각하고, 말하고, 행동한 것들을 정화하고, 바르게 행동하고 눈이 가는 곳에 마음이 가지 않도록 주의해야 한다.

내적으로나 외적으로 정화하고 바르게 살아야 할 사명이 있다.

② 가정을 정화해야 한다.

솔로몬은 그의 아들 르호보암에게, ㉠ 음란을 멀리하여 정화하고 ㉡ 죄를 멀리하고 ㉢ 하나님을 경외하여 정화하라고 하였다. 그러나 르호보암은 정화를 하지 못했다.

③ **사회를 정화해야 한다.**

세례요한은, ㉠ 옷 두 벌 있는 자는 없는 자에게 나눠주고, 먹을 것 있는 자도 그리하라고 하셨다. 빈부의 격차를 줄이고, 같이 살고 같이 영화를 누리라 하셨다. ㉡ 진리를 정의와 독립하게 하지 말라. 부정부패를 경계하고 말려들지 말아야 한다. ㉢ 죄인은 강도(講道)하지 말아야 하며, 받은 바 은혜에 족하게 여겨야 한다. 폭력에 의한 정치, 총칼로 정권 잡는 것 하지 말아야 한다. ㉣ 헤롯 왕처럼 음탕하지 말아야 한다. 현대는 음란 풍조가 횡행하다.

빈부 격차의 예:

일본 동경에서 가져온 토스트 먹고, 덴마크 우유 마시고, 브라질 원산 커피 마시고, 엘리베이터 타고 2층 올라가 회사 출근 준비하고 내려오다 1,500만 원짜리 오디오에 탱고 음악 틀고, 600만 원짜리 수족관에서 열대어 한 쌍이 춤추는 것 보고 좋아하고, 일본산 치와와 한 쌍 70만 원짜리 애무해주고, 도난 전자장치 일제 스위치 내리고, 3억 원짜리 독일산 벤츠 타고, 회사 출근했다가, 돌아 나와서 다시 어디로 갈까요? 그제야 하루 시작되어 새벽 4시에나 집에 들어가기까지 얼마의 돈을 썼는지, 무슨 짓을 했는지? 아무도 모른다.

그러나 가난한 사람은 아직도 라면으로 끼니를 대충 때우고, 부정부패, 폭력, 음란 풍조가 가득한 세상이다. 빈부의 격차, 부정부패, 폭력이 난무하는 이것이 곧 공산주의 3대 악습과도 같다.

3. 복음 전파의 사명

세례 요한은, 예수님은 구원자라는 복음 전파의 사명을 다 했다.

내가 가진 직업, 직장에서, 무엇을 해야 하는가? 사명도 있지만 우리의 참 사명은 복음 전파하는 것이다.

① 높은 산이 낮아지고.... 교만이 겸손해질 때, 그곳으로 예수님의 은혜의 강물이 흘러갈 것이다.
② 구렁텅이는 평탄하게 해서 예수님이 오시기에 편하게 길을 열어 들여라.

성서는 그리스도인이 되는 방법을 설명하고 있다.
십계명을 어떻게 생각하는가? 가르칠 필요가 있다. 1, 2계명을 범하면 지옥 간다. 그러나 매주 수많은 사람들이 모이는 순복음교회 조용기 씨는 과거에 미풍양속이니 제사 지내고 예수 믿으라 한다. 그 말이 맞는 말인가? 그런데도 20만 명이 모인다고 한다.
3계명은, "여호와의 이름을 망령되이 부르지 말라"고 하셨다. 학교, 정치, 사업, 직장에서 하나님의 이름을 망령되이 일컫는 일들을 버려야 한다. 4계명은, "안식일을 기억하여 거룩히 지키라"고 하셨다. 주일 성수 못하게 하는 일들도 물리쳐야 한다. 세상에서는 5계명의 부모에게 효도 못하게 하고, 6계명의 살인하지 말라고 하셨는데, 요즘은 천만인을 한꺼번에 죽이는 무기를 만들면 영웅이 되는 시대이다. 레이져 광선 실은 인공위성을 지구 궤도 위에 올려놓고 죽이려 한다. 7계명의 간음하지 말라고 하셨는데, 현대는 노아의 시대보다 더 타락하였다. 8계명의 도적질 하지 말라고 하셨는데, 타인의 돈 천원 훔치면 죄인, 그러나 수십억원 부정으로 축적한 부자는 정정당당하게 생활하고 있다. 9계명에서는 거짓 증거하지 말라고 하셨고, 10계명에서는 남의 것을 탐내지 말라고 하셨다.
생활 이념을 확립시킬 방법은 복음을 믿고 증거하는 길밖에 없다. 올바른 가치관 확립, 세계관, 인간관, 경제관을 확립해야 한다.
세례 요한처럼 외치고, 외치다가 순교 각오하며 살자.
이러한 사명 갖고 충성 봉사하고 죽음 각오하는 교인이 되자.

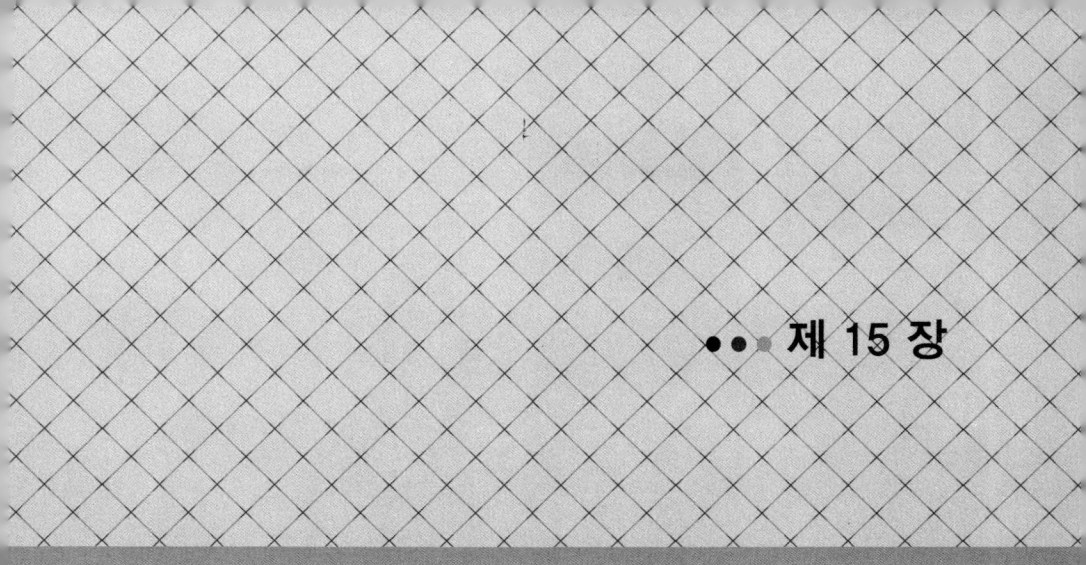

제 15 장

기독자의 삶
(골 3:12~17)

●●● 제 15 장

기독자의 삶(골 3:12~17)

1. 용서의 삶
2. 사랑의 삶이라야 한다.
3. 평화의 생활
4. 찬미의 생활

● ● ● 제 15 장

기독자의 삶
(골 3:12~17)

> 그러므로 너희는 하나님이 택하사 거룩하고 사랑 받는 자처럼 긍휼과 자비와 겸손과 온유와 오래 참음을 옷 입고 누가 누구에게 불만이 있거든 서로 용납하여 피차 용서하되 주께서 너희를 용서하신 것 같이 너희도 그리하고 이 모든 것 위에 사랑을 더하라 이는 온전하게 매는 띠니라 그리스도의 평강이 너희 마음을 주장하게 하라 너희는 평강을 위하여 한 몸으로 부르심을 받았나니 너희는 또한 감사하는 자가 되라 그리스도의 말씀이 너희 속에 풍성히 거하여 모든 지혜로 피차 가르치며 권면하고 시와 찬송과 신령한 노래를 부르며 감사하는 마음으로 하나님을 찬양하고 또 무엇을 하든지 말에나 일에나 다 주 예수의 이름으로 하고 그를 힘입어 하나님 아버지께 감사하라(**골 3:12~17**)

인간이 예측하지 못 할 정도로 세상이 급속도로 변하고 있다. 역사 후 지금까지 크나큰 변화들이 계속되었다. 그러나 이후의 삶에 대해서도 세계 민족이 다 같이 불안한 심정으로 삶을 살아가고 있다.

그리스도인은 하나님의 부르심에 대한 응답으로 살아야 한다.

기독자는 자기 만족보다 타인 돕기를 먼저 해야 한다. 이웃을 위한 삶이 목적이 되어야 한다.

1. 용서의 삶

성경은 긍휼, 자비와 겸손, 온유, 오래 참음 등 5대 의무를 감당해야 한다고 하였다.

성경은 또 누가 누구에게 혐의가 있거든 용서하라고 하였다.

"우리에게 죄 지은 자를 사하여준 것 같이 우리 죄를 사하여 주옵시고"라고 하셨듯이 용서하고 기도해야 한다.

마 18:21~22에서, "그 때에 베드로가 나아와 가로되 주여 형제가 내게 죄를 범하면 몇 번이나 용서하여 주리이까 일곱 번까지 하오리이까 예수께서 가라사대 네게 이르노니 일곱 번 뿐 아니라 일흔 번씩 일곱 번이라도 할지니라"라고 하셨다.

타인을 용서해야 자신도 용서받는다.

최근 어느 의학지에 창자가 꼬이는 위장염 관련 기사가 게재됐는데, 96% 정도가 급(急) 노(怒)하기 때문이라고 밝혀졌다. 그러니까 평소에 서로 용서하고 이해해야 이러한 병에 걸리지 않는다는 것이다.

예루살렘 교회의 부흥은 성도들 간에 서로 이해하고 용서했기 때문이다. 용서하지 못하면 기독자의 생활을 온전히 할 수 없다.

2. 사랑의 삶이라야 한다.

그리스도인은 긍휼과 자비와 겸손과 온유 그리고 오래 참음 등 5대 의무를 실행하고 용서해야 한다.

사랑. 이것만이 참된 것이다.

주면 없어지는 것은 폐물이지만, 아무리 주어도 점점 더 많아지는 것은 사랑이다.

고전 13:13에서, "그런즉 믿음 소망 사랑 이 세 가지는 항상 있을 것인데 그 중에 제일은 사랑이라"고 하셨다.

분열된 마음, 이것을 하나로 만드는 것이 사랑이다. 사랑으로 묶어야 한다.

여기 사랑의 이야기 한 편이 있다.

"형님 집에는 보배를 더 가졌는가봐?"

두 형제가 한 마을에 살았다. 형네 집은 늘 웃음소리가 들리는데 동생네 집은 싸우는 소리가 담 밖에까지 들리곤 했다.

『이상한걸! 아버지께서 돌아가셨을 때 형과 나와 재산을 똑 같이 나누었는데,

형은 나보다 아이들도 많으니 형편이야 뻔한데 어떻게 저렇게 웃을 수 있단 말인가? 아무래도 형이 나 몰래 보물 하나를 숨긴 모양이야.』
　동생은 의심을 하고 형의 집으로 갔다. 형은 무릎에 오는 바지를 입고 있었다.
　『형님, 바지 길이가 그게 뭡니까? 긴 바지도 아니고 반 바지도 아니고.』
　동생이 얼굴을 찌푸리고 말했다.
　『허허, 그럴 이유가 있지.』
　형은 껄껄 웃었다.
　『어제 시장에서 바지를 샀는데, 좀 길지 않겠나. 그래서 저녁을 먹으면서 식구들 앞에서 10센티미터쯤 줄여야 한다고 말을 했지. 그리고 아침에 일어나 보니 이렇게 30센티미터나 줄어 있었네.』
　『그럼, 형수님은 10센티미터도 모르신다는 말입니까?』
　동생이 눈을 둥그레 뜨고 물었다.
　『아니지, 형수야 분명 10센티미터만 줄였지. 큰 딸애가 10센티미터 줄이고, 둘째 딸이 10센티미터 줄인 거야. 셋째가 아직 어리니까 망정이지 그 애가 좀 컸다면 바지는 무릎 위로 올라갔을 걸세. 허허….』
　『형님도 참 딱하시군요. 바지가 그렇게 못 쓰게 됐는데, 웃음이 나오십니까? 저 같으면 야단을 치겠습니다.』
　『허허, 야단이라니? 바지는 이렇게 됐지만 제 어머니를 도우려고 큰딸이 먼저 10센티미터 줄인 것이 어디 잘못인가? 상급 학교 시험 준비에 바쁜 언니를 도우려고 둘째가 먼저 줄인 것이 잘못인가? 하루 일이 피곤해 깜빡 잠이 들었다가 바지 생각이 나서 졸린 눈을 비비며 10센티미터 줄인 형수가 잘못인가?』
　그제야 동생은 고개를 끄덕였다.
　동생은 곧 시장에 가서 좀 큰 바지를 샀다. 저녁 먹을 때 식구들 앞에서 바지가 10센티미터쯤 길다고 말했다. 이튿날 아침에 입어보니 바지는 그대로 있었다.
　동생은 화가 나서 아내에게 소리를 질렀다.

『왜 바지를 아직 줄이지 않았소?』
『얘! 영숙아! 너 아버지 바지 줄이랬더니 왜 아직 안 줄였지?』
아내가 큰딸에게 소리질렀다.
『정숙아! 너 왜 아버지 바지 안 줄였니? 왜 시키는 대로 안 해?』
큰딸이 둘째 딸에게 소리쳤다.
『숙제가 많아서 못했어! 자기는 손이 없나?』
둘째 딸은 문을 쾅 닫고 나갔다.
『아! 형님 댁의 보물이 무엇인지 이제야 알겠어.』
동생을 한숨을 쉬며 중얼거렸다.

3. 평화의 생활

들꽃을 봐도
공중 나는 새를 봐도
하늘에 피어나는 뭉게구름 봐도
찬란한 석양 노을을 봐도
다만, 평화 뿐.

평강, 평안, 평화 이를 히브리어로 샬롬(Shalom)이라는 말이다. '평온하다', '화목하다' 라는 의미이다.

골 3:15에서, "그리스도의 평강이 너희 마음을 주장하게 하라 평강을 위하여 너희가 한 몸으로 부르심을 받았나니 또한 너희는 감사하는 자가 되라"고 하셨다.

골 1:20, "그의 십자가의 피로 화평을 이루사 만물 곧 땅에 있는 것들이나 하늘에 있는 것들을 그로 말미암아 자기와 화목케 되기를 기뻐하심이라"

그리스도의 평강이 마음을 주장하게 하라고 하셨다.
하나님과 사람의 평화, 사람과 사람의 평화, 사람과 자연의 평화가 이루어져야 한다.
하나님의 명령을 거역함으로 죄를 짓고, 하나님의 마음을 아프게 하여 진노를 쌓고, 에덴에서 쫓겨났다. 지금도 수많은 사람들이 에덴에서 쫓겨나고 있다.
사람과 사람과의 사이에서 물질, 명예, 지식, 권력이 자리잡고 있어, 사람과 사람 사이를 갈라놓았다.

마라톤 대회에서 두 명이 나란히 1등으로 골인을 했는데, 그중 한 사람이 탈락당하고, 쌍둥이 형제가 나란히 서울대학교에 합격을 했는데 모집 인원은 한 명, 실력도 비슷한데, 여기에서 투쟁이 일어난다.
전쟁, 무기전쟁, 사상전쟁, 상업전쟁… 끊임없이 이어지고 있고, 사람은 자연을 파괴하고 있다.

4. 찬미의 생활

골 3:16, "그리스도의 말씀이 너희 속에 풍성히 거하여 모든 지혜로 피차 가르치며 권면하고 시와 찬미와 신령한 노래를 부르며 마음에 감사함으로 하나님을 찬양하고"

그리스도께서 원하시는 그리스도인의 생활은 항상 주님과 동행하며 찬미하는 것이다.
주님은 겟세마네로 향해 가실 때에도 찬미하셨다.
말씀이 차고 넘치면 하나님의 뜻에 감사하고 찬송 부르게 된다.
찬송하며 믿음으로 하나님께 영광돌리며 찬양하는 것이다.

지상에서 천국을 바라는 믿음, 하나님의 영광을 노래하며 찬송하라.
찬송은 곡조가 붙은 기도이다.
욥은 그 환난 때에도 찬송했다.
초대교회 최봉석 목사는 항상 찬송을 드렸다고 기록되어 있다.
그리스도인은 용서의 삶, 사랑의 삶, 평화의 삶, 찬미의 삶을 살아야 한다.

● ● ● 제 16 장

내가 여기 있사오니 나를 보내소서
(사 6:1~6)

● ● ● **제 16 장**

내가 여기 있사오니 나를 보내소서(사 6:1~6)

1. 시대적 배경
2. 감동적인 은혜를 받은 이유
3. 은혜받은 사명

● ● ● 제 16 장

내가 여기 있사오니 나를 보내소서
(사 6:1~6)

웃시야 왕이 죽던 해에 내가 본즉 주께서 높이 들린 보좌에 앉으셨는데 그의 옷자락은 성전에 가득하였고 스랍들이 모시고 섰는데 각기 여섯 날개가 있어 그 둘로는 자기의 얼굴을 가리었고 그 둘로는 자기의 발을 가리었고 그 둘로는 날며 서로 불러 이르되 거룩하다 거룩하다 거룩하다 만군의 여호와여 그의 영광이 온 땅에 충만하도다 하더라 이같이 화답하는 자의 소리로 말미암아 문지방의 터가 요동하며 성전에 연기가 충만한지라 그 때에 내가 말하되 화로다 나여 망하게 되었도다 나는 입술이 부정한 사람이요 나는 입술이 부정한 백성 중에 거주하면서 만군의 여호와이신 왕을 뵈었음이로다 하였더라 그 때에 그 스랍 중의 하나가 부젓가락으로 제단에서 집은 바 핀 숯을 손에 가지고 내게로 날아와서(사 6:1~6)

예루살렘 교회는 스스로 "나를 보내소서" 하며 자진해서 세워진 교회이다. 자진함으로 유무상통하고 사명도 자진하여 감당하고 찬송, 기도, 전도도 자진하여야 한다.

모든 것을 자발적으로 하는 교회가 예루살렘 교회였다.

그저 피동적으로 사명자로 할 수 없이 하는 것은 하나님이 기뻐하시지 않으신다.

그것이 곧 구루마 식 신앙이다. 밀면 가고, 당기면 움직이는 것이다.

자율적으로 무슨 일을 해도 자발적인 신앙인이 되어야 한다.

1. 시대적 배경

1) 영적으로 타락한 시대
사 1:3에서, "소는 그 임자를 알고 나귀는 주인의 구유를 알건마는 이스라엘은 알지 못하고 나의 백성은 깨닫지 못하는도다 하셨도다"

이러한 시대였다. 만물의 영장인 인간이 그리스도의 사랑을 입고, 하나님의 자녀로 선택받았으면, 하나님을 잊지 말고, 영적으로 타락하면 안 된다.

웨스트민스터 요리문답의 첫 번째 항목에 나와 있듯이 인간의 제일 되는 목적은, "하나님을 영화롭게 하고 영원토록 그를 즐거워하는 것이다."

감사를 모른다면 미물과 다름이 없다. 하나님은 만물을 통해서 영광 얻기를 원하신다.

2) 정치적으로 타락한 시대
역대하 26장에서 보면, 웃시야는 블레셋 사람과 싸워 가드와 야브네와 아스돗 성들을 점령하고 그 성벽들을 헐어 아스돗 일대와 그 밖의 블레셋 땅에 새로운 성들을 건축하였다. 하나님은 블레셋 사람과의 전쟁에서만 그를 도운 것이 아니라 구르-바알에 사는 아라비아 사람들과 그리고 마온 사람들과의 전쟁에서도 그를 도와주셨다.

암몬 사람들이 웃시야에게 조공을 바치자 그의 세력은 대단히 막강해져서 그는 이집트에까지 널리 명성을 떨쳤다. 웃시야는 성 모퉁이 문과 골짜기 문과 성벽 모퉁이에 망대를 세워 예루살렘 성을 한층 더 강화하였다. 그는 또 광야에도 요새화된 망대를 세우고 물웅덩이를 많이 팠는데 이것은 그가 저지대와 평야에 가축을 많이 기르고 있었기 때문이었다. 웃시야는 농사를 좋아하였으므로 백성들에게 산간지대에 포도나무를 심고 비옥한 땅에는 농사를 짓도록 권장하였다.

웃시야에게는 많은 전투 병력이 있었다. 이들의 기록 카드는 총사령관인 하나냐의 지시를 받아 서기관 여이엘과 그의 부관 마아세야가 취급하고 있었다. 이들을 지휘하는 장교들은 2,600명이었으며 그 부하들은 모두 307,500명이었다. 이들은 왕을 위해 적군과 용감히 싸울 수 있는 정예 병들이었다. 웃시야는 모든 병사들에게 방패, 창, 투구, 갑옷, 활, 물맷돌을 지급하였으며 또 예루살렘에서 그는 발명가들에게 교묘한 장비를 제작하게 하여 망대와 성곽 위에서 활을 쏘고 큰 돌을 발사하도록 하였다. 그리하여 그의 명성은 널리 퍼지게 되었다. 이것은 하나님이 그를 크게 도우셔서 그가 강력한 왕이 되게 하셨기 때문이었다.

그러나 웃시야 왕은 자기 세력이 막강해지자 마음이 교만해져서 패망 길에 들어서고 말았다. 그는 그의 하나님 여호와께 범죄하고 아무나 들어갈 수 없는 여호와의 성전에 들어가 분향하려고 하였다.

그러자 대제사장 아사랴가 건장하고 용감한 제사장 80명을 데리고 왕을 따라 들어가서 그를 말리며 이렇게 말하였다.

"웃시야 왕이시여, 여호와께 분향하는 것은 왕이 할 일이 아닙니다. 이것은 이 일을 위해서 특별히 구별된 아론의 자손 제사장들 만이 할 수 있는 일입니다. 제발 성소에서 나가 주십시오. 왕은 범죄하였으므로 더 이상 여호와의 축복을 받지 못할 것입니다."

이때 성전 향단 곁에서 분향하려고 향로를 잡고 있던 웃시야가 제사장에게 버럭 화를 내자 그 순간 그의 이마에는 갑자기 문둥병이 발병하였다.

정치인들이 자기 지위를 지키지 못하는 시대, 왕이 죽고 나니 왕권을 차지하기 위해 갖가지 권모술수 죄악이 난무하였다. 당시는 종교인, 정치인 모두 부패한 때였다.

3) 백성이 타락한 시대

사 1:10, "너희 소돔의 관원들아 여호와의 말씀을 들을지어다 너희 고모라의 백성아 우리 하나님의 법에 귀를 기울일지어다"

얼마나 타락했으면 옛날 유황불에 타죽은 사람들에 비유해서 외치겠는가, 타락한 백성을 본다.

이 말씀은 개인, 국가, 가정, 역사적, 시대적 패역한 사람들에게 모두 합당한 말씀이다.

현 시대도 타락한 시대이다. 어떻게 하면 우리 교회도 자발적으로 스스로 죄에서 돌이키는 교인이 되게 하느냐가 문제이다.

2. 감동적인 은혜를 받은 이유

1) 하나님 집에서 기도하다가 은혜받은 체험

타락상을 보고, 가슴을 쳐도, 울어도, 힘쓰고, 부스러뜨리고 해도 해결되지 않는다. 문제 해결 방법은 성전에 올라가 간절히 기도함으로 은혜 받는 것이다.

2) 기도하는 사람은 영안이 열린다.

사 6:1에서, "웃시야 왕이 죽던 해에 내가 본즉 주께서 높이 들린 보좌에 앉으셨는데 그의 옷자락은 성전에 가득하였고"

"내가 본즉" 함 같이 영안이 열려야 한다.

인간은 3가지 눈을 가져야 한다. ① 육신적인 눈도 밝아야 한다. ② 양심의 눈도 밝아야 한다. ③ 영안도 밝아야 한다.

좀 더 높고, 좀 더 깊고, 좀 더 넓은 신령한 세계를 볼 수 있어야 한다. 기도하던 이사야는 신령한 세계를 보았다.

3) 성전 내부를 보니, 사 6:1에서, 성전에 가득한 주님의 옷자락을 보았다.

왜 성전에 있는 촛대나 혹은 꽃을 바라보지 못하고 옷자락을 바라보았을까?

옛날 12폭 치마는, ① 아이들의 세수 수건 ② 코 닦아주는 콧수건 ③ 여름에 모기에 물리지 않도록 하는 홑이불 ④ 아이를 치마 폭에 감싸는 피난처도 되었다.

우리 주님의 옷자락은, ① 용서의 옷자락 ② 은혜의 옷자락 ③ 축복의 옷자락 ④ 평안의 옷자락이다.

4) 예배자의 자세를 보았다.

사 6:2에서, "스랍들이 모시고 섰는데 각기 여섯 날개가 있어 그 둘로는 자기의 얼굴을 가리었고 그 둘로는 자기의 발을 가리었고 그 둘로는 날며"

스랍들의 양상이 나타나 있다.

① **얼굴 가림** – 하나님께 대한 경건을 의미한다. 이는 하나님께 대한 행동이 어떠해야 함을 보여준다.

효자가 부모를 모시는 마음, 제자가 스승을 모시는 마음, 신하가 왕을 모시는 마음… 이는 말 한 마디, 행동 하나, 잘못 되지 않게 하려는 조심스럽고 신중한 태도이다.

② **발 가림** – 하나님께 대한 겸손의 태도이다. 세상에서는 왕이라 해도 하나님 앞에서는 겸손해야 은혜받는다.

③ **날면서 찬양** – 예배는 신령과 진정으로 드리며 찬송해야 한다. 신령과 진정으로 예배하는 자를 하나님이 찾으신다.

요즘 교인들을 보면, 의자에 앉아 뒤로 기대는 자세, 졸고 앉아 있고, 다른 생각하고 앉아 있다. 우리는 신령과 진정으로 찬송하며 예배하는 자가 되어야 한다.

④ 기도하면서 자아 발견

사 6:5. "그 때에 내가 말하되 화로다 나여 망하게 되었도다 나는 입술이 부정한 사람이요 나는 입술이 부정한 백성 중에 거주하면서 만군의 여호와이신 왕을 뵈었음이로다 하였더라"

"입술이 부정한 자가 하나님을 뵈었다"고 했다. 성전에서 기도하다가 자신을 바로 알게 된 것이다. 자기 자신을 알아야 타인도 알고, 내 가정을 알아야 타인의 가정도 안다. 내 교회를 알아야 세상살이에서 자기를 잃어버리고 사는 많은 사람들을 알게 된다.

하나님 앞에서 나 자신, 교회 앞에서 나 자신, 부모 앞에서 나 자신을 바로 알고 살아야 한다.

시 51:17에서, "하나님의 구하시는 제사는 상한 심령이라 하나님이여 상하고 통회하는 마음을 주께서 멸시치 아니하시리이다"

자기 자신의 부족함을 통회하면서 기도하는 사람을 하나님은 기뻐하신다.

⑤ 불의 체험

사 6:6에서, "때에 그 스랍의 하나가 화저(火箸)로 단에서 취한 바 핀 숯을 손에 가지고 내게로 날아와서"

스랍의 하나가 부젓가락으로 단에서 취한 바 숯불을 입에 대고 죄를 소멸하였다. 은혜를 받은 것이다.

그런데 완전히 핀 숯불은 못 되고, 연기만 나는 숯불이 바로 나 자신은 아닌지? 그래서 그 연기로 여러 사람 눈물 흘리게 하고, 괴롭게 하는 것은 아닌지 돌아보아야 한다.

은혜받고, 체험의 불은 타인을 따뜻하게 하고, 눈물 대신 기쁨을 준다.

3. 은혜받은 사명

1) 하나님의 음성을 들을 줄 알아야 한다.

내 말 좀 들어보십시오. 내 기도, 내 소원 들어 주십시오. 하지 말고, 성경을 통해 하나님의 음성을 듣는 자가 되어야 한다.

2) 나를 보내소서.

할 일 많은 교회에 자진해서 날 보내소서 하는 사명자를 하나님은 찾으신다.

마 9:37에서, "이에 제자들에게 이르시되 추수할 것은 많되 일군은 적으니"라고 하나님은 탄식하신다.

전 세계 인구가 50억, 대한민국의 인구는 5천만 명이다. 이중 하나님이 원하시고, 하나님 마음에 합당한 사명자는 얼마나 될까?

사명감 갖고 살자!

주님을 위해 복음 전파하며 새 사명 갖고 살자!

은혜받아 "내가 여기 있사오니 날 보내소서!" 하자!

제 17 장

광야에서 들리는 고함소리
(요 1:19~34)

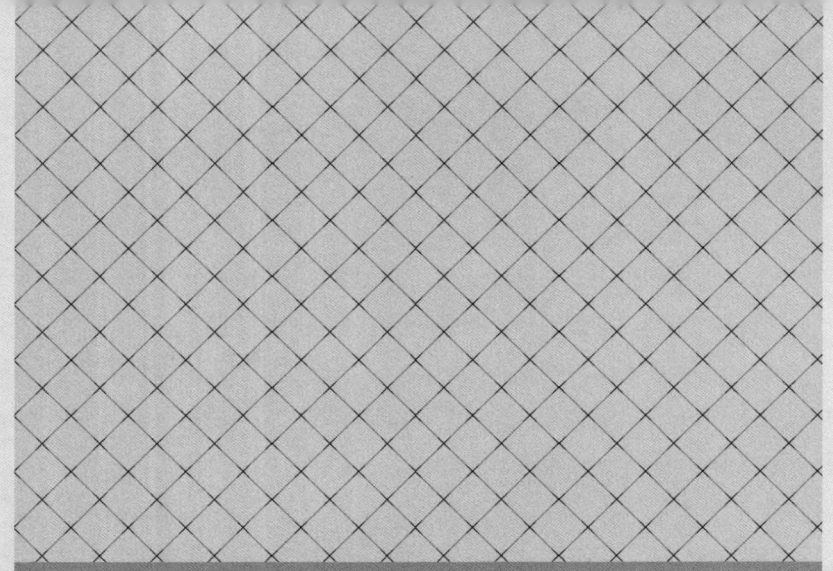

● ● ● 제 17 장

광야에서 들리는 고함소리(요 1:19~34)

1. 고함소리의 정체
2. 고함소리의 내용
3. 고함소리와 나의 관계

제 17 장
광야에서 들리는 고함소리
(요 1:19~34)

유대인들이 예루살렘에서 제사장들과 레위인들을 요한에게 보내어 네가 누구냐 물을 때에 요한의 증언이 이러하니라 요한이 드러내어 말하고 숨기지 아니하니 드러내어 하는 말이 나는 그리스도가 아니라 한대 또 묻되 그러면 누구냐 네가 엘리야냐 이르되 나는 아니라 또 묻되 네가 그 선지자냐 대답하되 아니라 또 말하되 누구냐 우리를 보낸 이들에게 대답하게 하라 너는 네게 대하여 무엇이라 하느냐 이르되 나는 선지자 이사야의 말과 같이 주의 길을 곧게 하라 광야에서 외치는 자의 소리로라 하니라 그들은 바리새인들이 보낸 자라 또 물어 이르되 네가 만일 그리스도도 아니요 엘리야도 아니요 그 선지자도 아닐진대 어찌하여 세례를 베푸느냐 요한이 대답하되 나는 물로 세례를 베풀거니와 너희 가운데 너희가 알지 못하는 한 사람이 섰으니 곧 내 뒤에 오시는 그이라 나는 그의 신발끈을 풀기도 감당하지 못하겠노라 하더라 이 일은 요한이 세례 베풀던 곳 요단 강 건너편 베다니에서 일어난 일이니라 이튿날 요한이 예수께서 자기에게 나아오심을 보고 이르되 보라 세상 죄를 지고 가는 하나님의 어린 양이로다 내가 전에 말하기를 내 뒤에 오는 사람이 있는데 나보다 앞선 것은 그가 나보다 먼저 계심이라 한 것이 이 사람을 가리킴이라 나도 그를 알지 못하였으나 내가 와서 물로 세례를 베푸는 것은 그를 이스라엘에 나타내려 함이라 하니라 요한이 또 증언하여 이르되 내가 보매 성령이 비둘기 같이 하늘로부터 내려와서 그의 위에 머물렀더라 나도 그를 알지 못하였으나 나를 보내어 물로 세례를 베풀라 하신 그이가 나에게 말씀하시되 성령이 내려서 누구 위에든지 머무는 것을 보거든 그가 곧 성령으로 세례를 베푸는 이인 줄 알라 하셨기에 내가 보고 그가 하나님의 아들이심을 증언하였노라 하니라(요 1:19~34)

"이 일은 요한이 세례 베풀던 곳, 요단 강 건너편 베다니에서 일어난 일이니라"(요 1:28) 요단 건너 베다니 들판에서 고함소리가 들려오고 있다. 우리 교회 앞에 정신 이상에 걸린 여인이 때때로 밤새도록 고함을 친다. 그런데 그 소리를 들어보면, 자기 자신보다 타인을 더 사랑해서 생긴 상처로 인한 것이라는 것을 알 수 있었다.

세례 요한은 약대 털옷을 입고, 허리에는 가죽 띠를 띠고, 메뚜기와 석청을 먹고 살았다(막 1:6). 그는 강한 심령을 가지고 사는 남자 나이 30세 무렵, 사술 판단할 줄 아는 사람이었다. 그런 그의 고함소리가 들린다.

당시 시대는 유대가 정치적으로 로마의 속국이었다. 사회적으로 불안한 시대였다. 여리고 길에는 도적이 즐비한 무법천지였다. 도덕적으로도 헤롯 왕이 그의 제수를 취하여 사는 부패한 시대였다. 종교적으로도 타락하여 형식화, 세속화, 돈만 내면 성전 안에서도 소떼, 양떼를 팔 수 있게 했다. 역사적으로 가장 비참하고 혼란한 시대였다.

밤이 깊으면 날이 밝아올 것이다.

예언자의 소리가 400년간 없었다.
거짓과 불의를 보고, 참과 의를 밝혀주는 선지자가 있는 그 곳에는 소망이 있다. 비판할 수 있으면 새 출발의 가능성이 있다.
UN의 발표에 의하면, 세계 200여 개 국가 중에 언론의 자유가 있는 나라는 24개국이라고 한다.
내 귀에 거슬리는 소리 하는 부모, 스승이 있을 때 행복하다는 것을 알아야 한다.
유대는 거짓된 것을 보고도 책망도, 비판도 사라졌다.
중국(中國) 역사에서 여씨 춘추시대 때, 주나라 무(武)왕이 옆의 은(殷)나라를 칠 생각을 가지고 한 정탐꾼을 은나라에 보냈다. 정탐꾼이 은나라를 정탐하고 무왕에게 이렇게 보고했다.
"지금 은나라가 몹시도 어지럽고 부패합니다. 지금 침공하면 되겠습니다."
"어느 정도 어지러워졌는가?"
"악한 사람이 득세하여 선한 사람을 억누르고 있습니다."
"아직 멀었다."
얼마 후 무왕은 정탐꾼을 다시 은나라에 보냈다. 그는 은나라 정탐을 마치고 돌아와서 왕에게 보고했다.

"지금이 은을 침공할 적기입니다. 나라가 몹시 혼란합니다."

"어느 정도 혼란한가?"

"어진 사람이 모두 은나라를 떠나고 있습니다."

"아직도 멀었다."

그리고 나서 얼마 후 다시 정탐꾼을 은나라에 보냈다. 정탐꾼이 정탐을 마치고 돌아와서 보고했다.

"이제 은나라를 침공해도 되겠습니다."

"어느 정도인가?"

"백성들이 아무 소리를 하지 않습니다. 아무도 불평을 입 밖에 내지 못하고 있습니다."

"그래, 이제 됐다. 쳐들어 가자."

그래서 은나라와 싸워서 이겼다고 한다.

이 세상에는 무질서와 혼란이 있고 정의와 불의도 있고 선과 악이 있지만 이것들이 뚜렷이 구별될 때에는 아직 희망이 있다. 그러나 어느 순간이 되면 선과 악, 정의와 불의가 전혀 구분이 안 되는 때가 있다. 뿐만 아니라 선과 악, 정의와 불의에 대해 무관심해질 때가 있다. 그때가 곧 위기다.

1. 고함소리의 정체

B.C. 700년, 이사야가 예언한 때에도, 사 40:3, "외치는 자의 소리여 이르되 너희는 광야에서 여호와의 길을 예비하라 사막에서 우리 하나님의 대로를 평탄하게 하라" 외치는 자의 소리가 광야의 길에서 메시야의 길을 예비하라고 했다.

B.C. 500년 경에는, 말라기 선지자를 통해서, 말 3:1, "만군의 여호와가 이르노라 보라 내가 내 사자를 보내니 그가 내 앞에서 길을 예비할

것이요 또 너희의 구하는 바 주가 홀연히 그 전에 임하리니 곧 너희의 사모하는 바 언약의 사자가 임할 것이라"면서 내가 내 사자를 보내노니 그가 내 앞의 길을 예비할 것이라고 하셨다.

고함소리... 아버지는 대제사장 사가랴이었다. 출생 8일 만에 할례를 행하였다. 성령 충만해서 그의 아들이 태어날 것을 예언하며, "이 아이여 네가 지극히 높으신 이의 선지자라 일컬음을 받고 주 앞에 가서 그 길을 준비하며 주의 백성에게 그 죄 사함으로 말미암는 구원을 알게 하리니"(눅 1:76~77)라고 하였다.

이 고함소리는 하나님의 계획가운데 현재에도 그리스도의 강림을 위해 준비된 것임을 알아야 한다.

왕이 지방 순시(巡視)하면 길을 닦는 것이 원칙이다.

자기만 원한다면 부귀영화 누릴 수 있고, 떵떵거리며 살 수 있다.

그는 그의 참 사명을 위해 모든 것을 다 버렸다. 세상 것을 분토처럼 버렸다.

우리는 세상 사람보다 더 권력욕, 명예욕, 물질욕에 사로잡혀 있지는 않은가.

여기에서 세례 요한처럼 벗어나야 한다.

2. 고함소리의 내용

예수님을 알리는 소리였다.

① **세상의 구주이심을 알리는 소리** – 29절, "세상 죄를 지고 가는 하나님의 어린 양이로다"

② **영원 전부터 계신 분** – 30절, "내 뒤에 오는 사람이 있는데 나보다 앞선 것은 그가 나보다 먼저 계심이라 한 것이 이 사람을 가리킴이라"

③ 성령세례 주시는 분 – 33절, "나를 보내어 물로 세례를 베풀라 하신 그이가 나에게 말씀하시되 성령이 내려서 누구 위에든지 머무는 것을 보거든 그가 곧 성령으로 세례를 베푸는 이인 줄 알라 하셨기에"

④ 하나님의 아들로 알림 – 34절, "내가 보고 그가 하나님의 아들이심을 증언하였노라"

⑤ 능력 많으신 분 – 눅 3:16, "신들메 풀기도 감당치 못함"

⑥ 심판자로 – 마 3:12, "손에 키를 들고 자기의 타작마당을 정하게 하사 알곡은 모아 곳간에 들이고 쭉정이는 꺼지지 않는 불에 태우시리라"
  소리내는 기계가 좋으면 좋을수록 원음을 들을 수 있다.
  사람은 밥만 먹고 사는 것이 아니라 의미를 먹고, 말씀을 먹고 사는 동물이다. 예수님은 떡으로만 살 것이 아니라 하나님의 말씀으로 살라고 하셨다. 말씀을 먹고 사는 사람이 제 구실을 한다.

㉠ **세례 요한은 아무도 말하지 않는 헤롯의 비행을 폭로하였다.** 현실을 고발한 소리를 외쳤다.

㉡ **회개하지 않는 이들에게, "독사의 자식들아!" 소리쳤다.**
  아브라함 조상 덕 볼 생각 말라! 조상의 공적 내세우지 말고, 그 내용의 참 의미를 되새겨야 한다. 정신 자세에 대한 책망을 한 것이다.
  과거에 얽매어 살지 말고, 미래를 보고 살아야 한다.
  전통에 얽매어 가치관이 잘못된 것은 고쳐나가야 한다.
  자기의 삶이 공허하고 텅 빈 사람일수록 전통을 자랑하고 지식을 자랑한다.

ⓒ **위선과 허위를 버려야 한다. 허위허식이란 옷이 걸어다니고 돈이 움직인다고 한다.**

내용 있는 목사가 되고, 장로가 되고, 집사가 되고, 교인이 되어야 한다.

한완상 교수는, 얼굴 못 생긴 사람일수록 화장을 짙게 한다. 껍질만 화려하게 장식한 사람일수록 속이 비어있을 수 있다고 했다.

영국 사람은 물건을 살 때, 실용적인가를 판단하고 산다. 프랑스 사람은 최신 유행인가를 보고, 미국 사람은 제일 비싼 것을 산다. 한국 사람은 모자를 사면 즉시 뛰어간다. 왜일까? 천천히 가는 동안 유행이 지날까봐 뛰어가는 것이다.

우리는 진짜인가? 가짜인가? 허위 속에 살고 있다. 속이고 속고, 진실을 잃고 사는 사회를 고쳐야 한다. 삶에서 진실을 잃으면 안 된다.

왕, 제사장, 바리새인, 서기관… 은 부패에 빠져있었다. 불의(不義)를 보고도 불의(不義)라 하지 못하면 병든 징조이다.

ⓔ **진정한 그리스도인은 자기를 낮추는 겸손함이 있어야 한다.**

세례 요한은 군중들에게 자기는 예수님의 종이다. 그분의 신들메 풀기도 감당치 못한 사람이라고 했다.

많은 종교인들이 교만에 빠져 있다. 한국에만도 자칭 자기가 메시야라는 사람이 수 십여 명이나 된다.

내가 먼저 용서하고, 봉사하고, 사랑해야 한다.

세례 요한은 자기를 나타내지 않고 그리스도를 드러내는 사람이었다.

마 11:11에서, "내가 진실로 너희에게 말하노니 여자가 낳은 자 중에 세례 요한보다 큰 이가 일어남이 없도다"라고 하셨다.

3. 고함소리와 나의 관계

세례 요한은 먼저 죄를 책망하였다. 눅 3:7에서, "요한이 세례 받으러

나아오는 무리에게 이르되 독사의 자식들아 누가 너희에게 일러 장차 올 진노를 피하라 하더냐"며 장차 올 진노를 피하라 하였다.

   죄는 무서운 결과를 초래한다. 이미 도끼가 나무뿌리에 놓였으니 좋은 열매 맺지 아니하는 나무마다 찍혀 불에 던져지리라고 하셨다.(눅 3:9)
   그러므로 "회개하라, 천국이 가까이 왔느니라"(마 3:2)며 회개할 것을 외쳤다.
   그분 맞을 준비를 해야 한다. 씻고, 닦고, 청소하고, 새 옷 입고, 장식하고서가 아니라 회개해야 한다.
   광야의 외치는 소리를 듣고 그분 맞을 준비를 해야 한다.

제 18 장

너희는 세상의 소금이라
(마 5:13~16)

● ● ● 제 18 장

너희는 세상의 소금이라(마 5:13~16)

1. 부패 방지하는 소금
2. 청결케 하는데 사용된다.
3. 맛을 내는 소금

● ● ● 제 18 장

너희는 세상의 소금이라
(마 5:13~16)

> 너희는 세상의 소금이니 소금이 만일 그 맛을 잃으면 무엇으로 짜게 하리요 후에는 아무 쓸 데 없어 다만 밖에 버려져 사람에게 밟힐 뿐이니라 너희는 세상의 빛이라 산 위에 있는 동네가 숨겨지지 못할 것이요 사람이 등불을 켜서 말 아래에 두지 아니하고 등경 위에 두나니 이러므로 집 안 모든 사람에게 비치느니라 이같이 너희 빛이 사람 앞에 비치게 하여 그들로 너희 착한 행실을 보고 하늘에 계신 너희 아버지께 영광을 돌리게 하라(마 5:13~16)

빛과 소금처럼 살라는 말씀은 그리스도인의 사명과 직분에서 요구되는 믿음이다.

그리스도인으로서 받을 복도 크지만 책임도 크다.

사람들이 축복은 좋아하지만 책임과 의무는 싫어한다. 축복 설교는 좋아하면서, 책망하며 회개를 외치면 싫어한다.

기독교인의 축복은 비단 개인의 것 만이 아닌, 이웃과 더불어 나누어 갖기 위한 축복이다.

인류사를 '하얀 황금의 역사'라고 표현한 마크 쿨란스키에 따르면 돈이자 권력이었던 소금에 얽힌 세계사의 에피소드가 적지 않다.

중국 당나라 시절엔 세금 수입의 절반이 소금세였고, 만리장성을 짓는 데 필요한 돈도 소금에서 나왔다고 한다.

옛날 중국에서는 부잣집 처녀가 시집 갈 때, 주먹 만 한 암석 소금을 가져가서 음식에 넣어 먹기도 하고 배고플 때 먹기도 했다고 한다.

성경에서는 왜 그리스도인을 보석이나 금이라 하지 않고, 흔한 소금이라고 했을까?

세상에서 가장 유용하게 사용되어지기 때문이다. 유용물로 존재하는 것이 바로 그리스도인이다.

프란시스 베이컨(Francis Bacon)은 "이 세상에는 크게 세 종류의 사람이 있다고 했다. 첫째는 꼭 있어야 할 사람, 둘째는 있으나 마나 한 사람, 셋째는 있어서는 안 될 사람"이라고 했다.

먼저 꼭 있어야 할 사람은, 남을 도우며 다른 사람들에게 유익이 되는 사람이어서 벌과 같은 사람이요, 플러스(plus) 인생이다. 두 번째 부류의 사람은 곧 있으나 마나 한 사람으로 남에게 피해도 유익도 안 주는 자기 위주의 사람이어서 개미와 같은 사람이요, 이콜(equal) 인생이다. 마지막으로 있어서는 안 될 사람은, 늘 남에게 피해만 주며 사는 사람이어서 거미와 같은 사람이요, 수학 공식으로 따지면 마이너스(minus) 인생이다.

그리스도인은 플러스 인생이 되어야지 마이너스 인생이 되어서는 안 된다. 꼭 있어야 되는 사람, 보탬을 주는 사람이 되어야 한다.

다이아몬드나 보석은 사치품이지만, 소금은 필수품이다.

비록 보잘 것 없지만 없어서는 안 될 물질이다.

"너희는 세상의 소금이라"고 하셨다. 앞으로 소금이 되어야 한다는 것이 아니라, 지금 벌써 소금이어야 한다. 앞으로 유용하고 필요한 사람이 되겠다가 아니라, 이미 없어서는 안 될 인물이어야 한다. 이것이 그리스도인의 축복이다.

국가, 사회, 산업, 정치, 경제, 문화, 교육 등 모든 분야에서 꼭 필요한 사람이 되어야 한다.

좋은 그리스도인, 참된 그리스도인이 되는 길은 세상의 소금으로 부름 받은 것을 자각하고 행동해야 한다는 것이다.

세상에서는 적은 권력과 명예를 가지고서도 자랑스럽게 얘기한다. 한국은 지금까지 혈연, 지연, 학연으로 통했다. 군인도, 경찰도, 정당도, 직장도, 사업도, 하다못해 장관 집 식모도 큰소리치는 세태이다.

독일의 신학자 헬무트 틸리케 목사는, 세상의 꿀이라 하지 않고, 소금이라 함은 큰 의미가 있다면서, "오늘날 설교자의 설교에 심한 반발이 일어나지 않는 것은 그의 메시지에 참된 소금기가 결여되었기 때문이다. 사실 세상과 교회가 지나치게 평화롭게 공존한다는 것은 그다지 탐탁한 조짐은 못 된다. 그리고 교인들이 한결같이 모두 그들의 목회자를 존경하는 것은 썩 좋은 징표는 아니다. 왜냐하면 그런 경우 대체로 목회자는 강단에서 소금으로 뿌려지고 있지 못하기 때문이다.

… 이제 고독하다고 괴로워하지 마라. 엄청난 불신자들의 세계에 비해 그리스도인들은 소수에 불과하다는 이유로 힘들어 하지 말라. 왜냐하면 그리스도인은 하나님을 모르는 모든 세상 사람들에게 뿌려져야 할 소금으로서 부르심 받았기 때문이다."라고 했다.

소금은 비록 값비싼 것이 아니라 하더라도 인간의 삶을 가능하게 하는 능력이 있다.

겨울에는 인도와 차도에 있는 눈을 녹이는 데 쓴다. 길 가기 편하게 하는 물질이다.

그리스도인의 삶이 꿀 맛 같지는 않다. 신앙의 삶의 고통은 사랑이란 달콤한 말로 넘기지 못한다. 그런데 사람들은 죄를 적당히 넘기려 한다. 사단이 우는 사자와 같이 올 때, 머리만 모래 속에 묻어버리면 안전한 것 같이 생각한다. 그러나 그것은 결국 자기 도피이다. 돌이켜 헤어나오지 못하게 된다.

소금은 상처난 곳에 바르면 굉장히 쓰리고 따갑다. 하나님의 심판도 따갑고 쓰리다.

복음이 가는 곳은 박해가 있다. 그리스도교는 달콤한 것 만이 아니다. 십자가는 결코 달콤한 것이 아니다.

교리 안의 소금, 말씀의 소금이 있는 곳에는 심판의 쓰린 반응이 있다.

곪고 상처난 곳, 따갑고 아프게 하지만 치유가 되는 것이다.

현 시대는 황금 송아지 만들어 섬기며 달콤한 말로 유혹하는 시대이다. 말씀에 아픈 반응이 없으면, 소금이 결여된 설교를 했다는 것이다.

웃기는 만담 이야기나 듣고, 오늘 은혜 받았다고 하는 것들이 신앙을 곪게 한다.

우리 마음에 아픈 이야기, 귀에 거슬리는 말을 해주면, 그것이 하나님 앞에 고쳐지는 기회가 되는 것이다.

교회가 세상 권력과 야합하고, 세상의 부(富)와 야합할 때는 이미 소금의 사명을 망각했기 때문이다. 그리스도인이 지상을 치유하고, 구원자의 소금이 된다고 했다. 성서에는 소금에 관한 구절이 23번 나오는데, 3가지 기능을 통해서 보인다.

1. 부패 방지하는 소금

레 2:13에서, "네 모든 소제물에 소금을 치라 네 하나님의 언약의 소금을 네 소제에 빼지 못할지니 네 모든 예물에 소금을 드릴지니라"

네 모든 소제에 소금을 치라고 말씀하셨다.

세계가 부패 일로에 있다. 신앙의 소금이 결여되고 있다.

신앙의 교회가 많아도 사회에는 범죄가 늘어나고 있다.

인간도 도달할 수 있는 바벨탑 적 부패 정신이 만연하여 불순종이 판을 치고 있다.

인간이 쌓아올린 과학 문명을 자랑하며 혜택을 받고 있다.

그 혜택 속에서 좀이 생기고, 동록이 쓸고, 균이 생기고, 벌레가 생겼다. 썩고 병든 세상 고치지 못하면 멸망을 맞을 것이다.

그리스도인이 고쳐야 한다. 그러나 그리스도인 마저 맛 잃은 소금이 되면 밖에 버려져 사람에게 밟힐 뿐이라고 하셨다.

예복을 입지 못한 자도 밖에 버려지고, 미련한 5처녀도 버려진다고 하셨다. 맛 잃은 소금이기 때문이다.

2. 청결케 하는데 사용된다.

출 30:34~35에서, "여호와께서 모세에게 이르시되 너는 소합향과 나감향과 풍자향의 향품을 가져다가 그 향품을 유향에 섞되 각기 같은 분량으로 하고 그것으로 향을 만들되 향 만드는 법대로 만들고 그것에 소금을 쳐서 성결하게 하고"

소금을 쳐서 성결케 하라고 하셨다.
세상의 더러운 것들을 청결하게 해야 한다.
세계 육지에서 온갖 더러운 것들이 다 바다로 흘러간다.
바다는 다 삼켜서 성결케 한다.
성결은 내가 죽는 데서 생겨나는 것이다.
내가 살아있는데 깨끗할 수는 없는 것이다.
육신적인 생각, 욕심, 명예, 지식, 부귀… 모두가 나를 더럽게 한다.
소금처럼 숨 죽여야 한다.

벼 종자나 보리 종자에도 염소 소독(鹽素消毒, chlorination)을 한다.
막 9:50에서, "소금은 좋은 것이로되 만일 소금이 그 맛을 잃으면 무엇으로 이를 짜게 하리요 너희 속에 소금을 두고 서로 화목하라 하시니라"고 하셨다.
정화운동에 앞장 서야 한다. 그리스도인들이 관계하는 것마다 청결케 되고 정화되는 역사들이 나타나야 한다.

3. 맛을 내는 소금

욥 6:6, "싱거운 것이 소금 없이 먹히겠느냐 닭의 알 흰자위가 맛이 있겠느냐"

싱거운 것이 소금 없이 먹히겠느냐? 하셨다. 소금이 꼭 필요하다는 것이다.

골 4:6, "너희 말을 항상 은혜 가운데서 소금으로 맛을 냄과 같이 하라 그리하면 각 사람에게 마땅히 대답할 것을 알리라"

소금으로 고르게 하라고 하신 것이다. 소금처럼 맛을 내는 사람이 되어야 한다.

소금은 그 자신보다 타인을 우선하여 존재한다. 이것이 소금의 역할이다. 그리스도인은 자신의 존재보다 타인을 위한 존재가 되어야 한다.

그리스도인은 세상에서 사람들 사이에서 살아야 한다. 그러니 맛을 내며 살아야 한다.

맛 없는 말은 맛있게 말하고, 화목하지 않은 관계를 화목하게 하고, 부정한 사회를 정화하여 깨끗한 사회로 만들어가야 한다.

맛을 주기 위해서는, 타인의 일에 일일이 간섭하지 말고, 개성을 존중해주고, 타인의 자유를 침범하지 않으며, 물질을 의지하지 말고, 정(情)과 의(義)를 혼돈하지 않으며, 신의(信義)를 지키고, 예절을 존중함이 그 사회에서 맛을 낸다고 도산 안창호 선생이 말했다.

내가 녹아져야 맛을 낸다.

속담에, "부두막의 소금도 집어 먹어야 짜다"고 했다. 아무리 지혜가 많고 용기가 있어도 행동으로 옮기지 못하면 아무 소용이 없다.

물체 속에 들어가 녹아 없어질 때 썩는 것을 막고, 맛을 낸다.

자신을 희생해서라도 맛을 내라.

어느 누구도 소금의 맛이 좋다 하지 않는다. 김치 맛이 좋다 하지, 소금 맛이 좋다 하지 않는다. 장 맛이 좋다 하지, 소금 맛이 좋다 하지 않는다. 국 맛이 좋다 하지, 소금 맛이 좋다 하지 않는다. 그러나 모두 소금으로 맛을 낸다.

자신은 녹아 없어져도 영광은 다른 물질에게로 돌린다.
녹아지는 것은 쉬운 일이 아니다.
아픔은 말한다.
죽음도 말한다.
자신의 아픔을, 죽음을 통해 삶을 빚어내고 새로운 사회를 이룩한다.
내가 녹아짐으로… 주님의 아픔은 인간의 고통과 눈물을 씻어주시기 위한 아픔이었다.
교회를 위해 녹자!
녹아지는 소금이 있는 곳에 새로운 희망이 태동되고, 새로운 구원의 역사가 이룩된다.
내가 녹아질 때 가정이 살고, 내가 녹아질 때 교회가 산다.

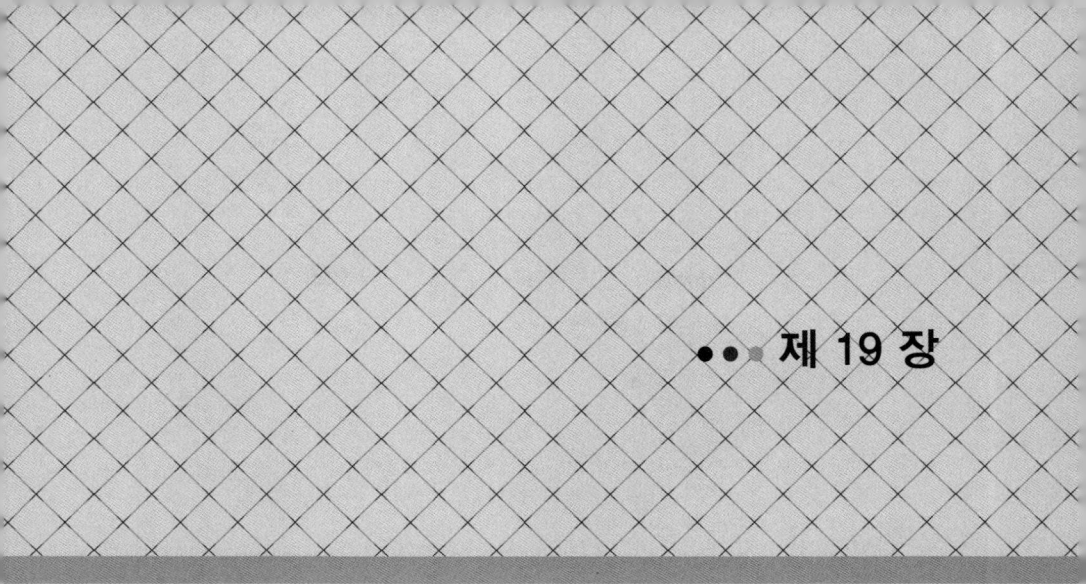

제 19 장

인생의 광야를 지날 때
(창 39:1~6)

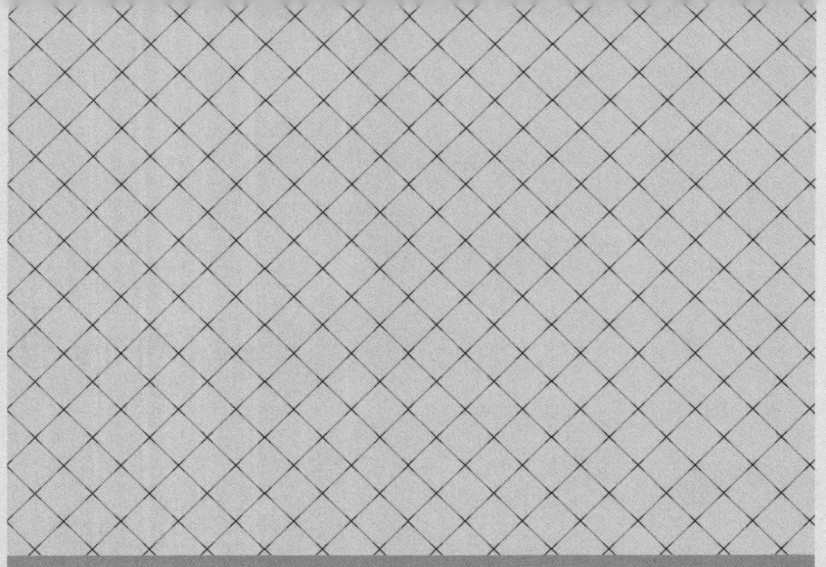

● ● ● **제 19 장**

인생의 광야를 지날 때(창 39:1~6)

1. 하나님과 함께 하심으로 지나야 한다.
2. 말씀 중심으로 살아야 한다.
3. 분명한 목표가 있어야 한다.
4. 인생의 광야 길에 무엇을 물려주겠는가?
5. 신앙의 길잡이가 되어야 한다.
6. 광야 길. 구별된 삶

● ● ● 제 19 장
인생의 광야를 지날 때
(창 39:1~6)

요셉이 이끌려 애굽에 내려가매 바로의 신하 친위대장 애굽 사람 보디발이 그를 그리로 데려간 이스마엘 사람의 손에서 요셉을 사니라 여호와께서 요셉과 함께 하시므로 그가 형통한 자가 되어 그의 주인 애굽 사람의 집에 있으니 그의 주인이 여호와께서 그와 함께 하심을 보며 또 여호와께서 그의 범사에 형통하게 하심을 보았더라 요셉이 그의 주인에게 은혜를 입어 섬기매 그가 요셉을 가정 총무로 삼고 자기의 소유를 다 그의 손에 위탁하니 그가 요셉에게 자기의 집과 그의 모든 소유물을 주관하게 한 때부터 여호와께서 요셉을 위하여 그 애굽 사람의 집에 복을 내리시므로 여호와의 복이 그의 집과 밭에 있는 모든 소유에 미친지라 주인이 그의 소유를 다 요셉의 손에 위탁하고 자기가 먹는 음식 외에는 간섭하지 아니하였더라 요셉은 용모가 빼어나고 아름다웠더라(창 39:1~6)

1. 하나님과 함께 하심으로 지나야 한다.

① 요셉은 형통했다.

요셉의 형들이 요셉을 죽이려고 하다가 요셉을 애굽에 팔았다.

창 39:1에서, 요셉의 형들은 요셉을 미디안 상인에게 팔아 요셉이 애굽으로 팔려갔다. 2절에서, 그런데 요셉은 애굽으로 팔려가서도 형통한다. 이렇게 될 수 있었던 이유는, "여호와께서 요셉과 함께 하심으로..." 요셉의 형들은 요셉을 팔았고, 죽이려 했고, 망하게 하려고 했지만 그럼에도 불구하고 하나님은 여전히 요셉과 함께 계셨다.

시편 기자는 '내가 사망의 음침한 골짜기를 지날지라도 해를 두려워하지 않는 것은 주께서 나와 함께 하심이라'고 고백한다. 주님이 나와 함께 하시면 내가 사망의 음침한 골짜기를 다녀도 해를 받지 않게 된다. 주님이 나와 함께 하시면 물 가운데로 지날지라도 물이 너를 침몰치 못할 것이며, 불 가운데로 지날지라도 불이 너를 삼키지 못할 것이다.

② 다윗과 함께 하심으로 골리앗을 이겼다.

삼하 6:12~26에서, 다윗은 주님이 함께하시는 사람이었다. 다윗은 평범한 집안 출신이다. 위로 형들이 일곱이나 있는 막내이며 양을 치는 목동이다. 그는 아버지 심부름으로 전쟁터에 있는 형들에게 물건을 전해 주러 갔다가, 블레셋 장수 골리앗을 쓰러뜨리는 쾌거를 거둔다. 그가 싸우러 나가겠다고 했을 때, 그의 형도 말렸고, 사울 왕도 걱정을 하였다. 골리앗은 가소롭다는 듯이 상대도 하지 않으려고 했다. 그러나 다윗은, "너는 칼을 차고 창을 메고 투창을 들고 나에게로 나왔으나, 나는 네가 모욕하는 이스라엘 군대의 하나님, 곧 만군의 주의 이름을 의지하고 너에게로 나왔다"고 하면서, 돌 하나를 무릿매로 던져서, 골리앗의 이마를 맞혀서 쓰러뜨린다. 이 이야기의 핵심은, 다윗은 골리앗에게 객관적인 전력으로 봐서는 질 수밖에 없었으나 하나님이 함께하셔서 이길 수 있었다. 하나님은 겉모습보다 중심을 보신다.

③ 아브라함이 하나님과 함께함으로 형통했다.

형통하다는 것은 하나님이 함께 하심으로 하나님의 뜻대로 인도되는 인생이라는 것이다. 하나님은 하나님의 말씀에 순종하는 사람과 함께 하신다. 하나님은 아브라함에게 **창 12:2에서,** "내가 너로 큰 민족을 이루고 네게 복을 주어 네 이름을 창대케 하리니 너는 복의 근원이 될찌라" 약속하셨다. 하나님은 그 약속을 이루어주셨다.

④ 출애굽한 이스라엘이 광야 길에서 불평불만 하다가 가나안에 입성하지 못 했으나 여호수아와 갈렙은 입성하였다.

여호수아와 갈렙은 강인한 지도자였다. 불가능할 것 같은 상황에서도 하나님과 함께라면 가능하다는 믿음의 안목이 있었다. 하나님이 주신 약속의 땅을 향해 앞으로 나아가는 과정에서 여호수아와 갈렙은 결코 순탄한 여정을 걸었던 것은 아니다. 끊임없이 어려운 상황과 여건을 만났고, 순종과 불순종의 사건들이 있었다.

하나님의 선행적인 약속이 있었어도 어려움은 여전히 존재했고, 이스라엘을 치려는 대적들은 가시처럼 남아 있었다. 그러나 여호수아와 갈렙은 오직 말씀에 의지하며 "나의 하나님" 신앙으로 좌절과 실패 속에서도 뒤에서 역사하시는 하나님을 바라보고 나아갔다.

신앙의 경계에 서서 여호수아는 "머뭇거리지 말고 너희가 섬길 자를 택하라"고 마지막 장에서 간곡하게 이스라엘 백성들에게 부탁한다. 여호수아와 갈렙은 하나님과 함께 함으로 형통하였다.

⑤ 빌립이 남쪽으로 광야길, 가사로 가는 도중에 에디오피아 내시에게 복음을 전하다.

사도들의 사역과 스데반의 순교는 진정한 믿음의 사람으로서의 삶이 무엇인지를 보여주는 것이며, 성도가 선으로 악을 이기는 믿음으로 살아야 함을 친히 보여준 행동이었다. 그러나 사울을 중심한 유대인들은 스데반의 죽음을 당연시하고 더불어 기독교를 잔멸시키려고 더욱 악하게 행하였다. 그래서 박해를 견디지 못한 경건한 유대인들은 박해를 피해가면서도 가는 곳마다 복음을 전하였다.

그 중에 빌립은 사마리아에 복음을 전하여 복음 안에서 유대인과 같이 하나 되게 하였다. 사마리아 성에 복음을 전하게 하셨던 하나님께서는 성령님을 통해서 다시 빌립을 부르셨다(행 8:26). 좀처럼 순종하기가 힘든 부르심이었지만, 빌립은 반문하지 않고 기꺼이 순종하였다.

빌립 집사가 이사야 선지자의 글을 읽고 있었던 에디오피아 내시에게 머뭇거리지 않고 복음을 전하였다(행 8:27~30).

에디오피아 내시는 여왕의 모든 국고를 맡은 권세 있는 자로서 조금도 부족함이 없는 사람이었지만, 예배를 드리려고 예루살렘을 찾아 왔다. 그렇게 예배를 사모하는 내시의 믿음을 하나님께서는 기쁘게 보셨다. 내시는 복음에 대한 빌립의 설명을 듣고 깨달아 알게 되었고, 순간 무엇을 해야 하는 것을 알았으며, 그 순간에 조금도 망설이지 않고 즉시 행동에 옮겨 세례를 받는 결단력이 있는 사람이었다(행 8:36, 38). 그리고 새로 태어난 기쁨으로 충만한 에디오피아의 내시는 빌립이 없어진 줄도 모르고 기뻐하며 길을 갔다(행 8:39).

빌립의 복음전도 사역은 끊임없이 계속되어 가이사랴까지 이르렀다(행 8:40).

2. 말씀 중심으로 살아야 한다.

① 요셉은 보디발의 아내의 유혹을 거절했다. 죄를 무서워한 것이다.
② 죄를 무서워하고 하나님의 명령을 따라 행했다.
③ 인생의 광야 길을 지날 때, 말씀의 나침반으로 가야 한다.
④ 하나님의 저울에 달아보아야 한다.
⑤ 하나님의 잣대에 재어 보아야 한다.

요 1:14, "말씀이 육신이 되어 우리 가운데 거하시매 우리가 그 영광을 보니 아버지의 독생자의 영광이요 은혜와 진리가 충만하더라" 아버지 독생자와 그의 영광을 보아야 한다.

3. 분명한 목표가 있어야 한다.

① 이스라엘은 가나안이 목표인데, 목표를 상실한 광야 길이었다.
② 판단 기준이 주님의 저울과 잣대여야 한다.
③ 주님께 방향을 맞춰야 한다.

현대인들은 바른 것보다 재미있는 것을 원한다. 드라마는 온통 불륜 이야기, 막장 스타일이다. 그런데 사람들은 그런 이야기에 호기심을 갖고 재미있어 한다.
④ 요셉은 보디발의 아내가 유혹해올 때, 주인이 내게 모든 것을 허락하였지만, 당신 만은 금하였다며 죄를 짓지 않았다.
⑤ 금하는 것과 죄는 분명히 멀리했다.
⑥ 삶의 기준이 분명 하나님의 말씀 중심이었다.

4. 인생의 광야 길에 무엇을 물려주겠는가?

막 9:33~37. "가버나움에 이르러 집에 계실새 제자들에게 물으시되 너희가 길에서 서로 토론한 것이 무엇이냐 하시되 그들이 잠잠하니 이는 길에서 서로 누가 크냐 하고 쟁론하였음이라"
① 서로 첫째가 되려 하지 말라.
② 섬기는 자가 되라. 섬기는 자가 으뜸이다.
③ 예수님 제자들 사이에 말썽이 있었다.
부모가 욕심이 많으면 자녀들이 욕심쟁이로 성장한다.
부모가 부정직하면 아이들도 부정직하고, 화내고 불평하면 아이들도 화내고 불평한다.
④ 많은 유산 물려주려 하지 말고, 바른 믿음의 유산 물려주어야 한다.
⑤ 눈물의 기도로 양육한 자녀는 망하지 않는다.
무엇을 광야 길에 남길 것인가? 말씀 중심으로 지도해야 한다.

5. 신앙의 길잡이가 되어야 한다.

① 이스라엘 백성에게는 모세가 길잡이었다.
② 사람은 아무리 명철해도 오류가 있다.

③ 나 자신이 진실하다 해도, 그것이 곧 진리는 아니다.

④ 보는 것, 듣는 것, 노는 것, 생산하는 것, 사물의 실체 아는 것... 중심은 나 자신이다.

⑤ 진실과 부합되는지 항상 점검해봐야 한다.

그리스도인은 신학과 신앙을 점검해야 한다.

지금 어디까지 왔는지! 어디에 있는지! 자기 자신이 정확하게 알고 있다.

광야 길잡이 목사, 교사일수록 더욱 기도에 힘써야 한다.

정확한 잣대는 주는 그리스도시오, 살아계신 하나님의 아들이시라고 믿고 고백하는 것이다.

성경 중심으로 가라면 가고, 서라면 서야 한다.

6. 광야 길. 구별된 삶

① 놋뱀 쳐다보라 했지만 보는 사람도 있고, 안 보는 사람도 있었다.

② 그리스도인은 구별된 사람이다.

③ 하나님 나라의 유업을 이을 자이다.

④ 피 값으로 사신 것이니 사람의 종이 되지 말라.

고전 7:23에서, "너희는 값으로 사신 것이니 사람들의 종이 되지 말라"고 하셨다.

⑤ **엡 2:19에서**, "그러므로 이제부터 너희는 외인도 아니요 나그네도 아니요 오직 성도들과 동일한 시민이요 하나님의 권속이라"

⑥ 땅에서도 달라야 한다.

⑦ 소속이 다르다.

엡 1:13에서, "그 안에서 너희도 진리의 말씀 곧 너희의 구원의 복음을 듣고 그 안에서 또한 믿어 약속의 성령으로 인치심을 받았으니"

⑧ 신앙의 기준이 다르다.

여자와 더불어 더럽히지 아니하고 순결한 자라. 어린 양이 어디로 인도

하든지 따라가는 자이며, 사람 가운데에서 속량함을 받아 처음 익은 열매로 하나님과 어린 양에게 속한 자들이다.

⑨ 삶이 달라야 한다. 거짓 없고, 흠 없는 자라야 한다.

딤전 3:2에서, "감독은 책망할 것이 없으며"라 하였다.

이 땅의 삶이 광야다. 이 광야 길을 지날 때, 하나님과 함께 함으로 지나야 한다. 아브라함, 요셉, 다윗, 여호수아와 갈렙… 믿음의 선진들도 하나님과 함께 함으로 형통하였다.

항상 하나님의 말씀을 중심으로 분명한 목표를 가지고 달려가야 한다. 광야 길을 가는 그리스도인은 분명 이 세상과 구별된 존재이다. 이 세상에 살지만 이 세상 사람이 아닌 하늘 백성이다. 소속이 다르다. 그러니 거짓 없고, 흠 없이, 책망할 것 없는 사람처럼 바른 삶의 모범을 보이며 살아야 한다.

제 20 장

힘써 싸우라!
(유 1:3~6)

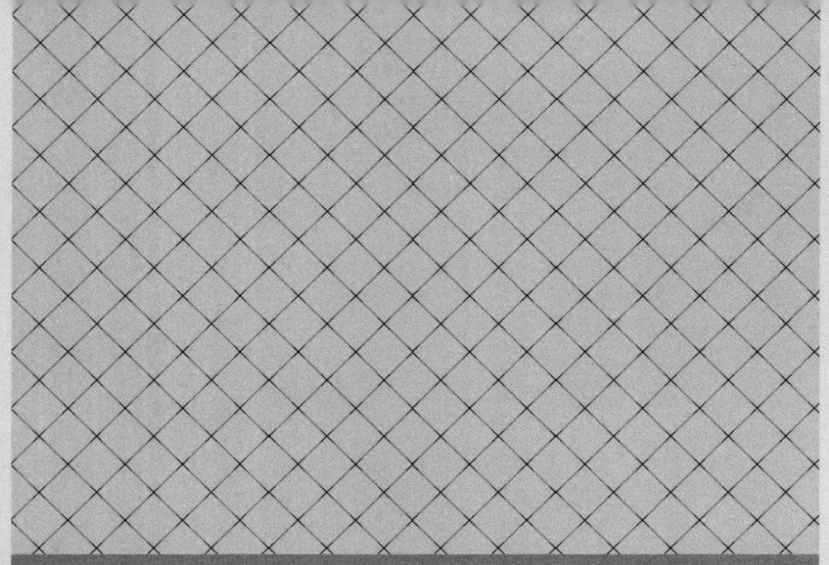

● ● ● 제 20 장

힘써 싸우라!(유 1:3~6)

1. 그리스도인이 힘쓸 것
2. 싸우라!
3. 하나님 나라를 이루는 길

● ● ● 제 20 장

힘써 싸우라!
(유 1:3~6)

사랑하는 자들아 우리가 일반으로 받은 구원에 관하여 내가 너희에게 편지하려는 생각이 간절하던 차에 성도에게 단번에 주신 믿음의 도를 위하여 힘써 싸우라는 편지로 너희를 권하여야 할 필요를 느꼈노니 이는 가만히 들어온 사람 몇이 있음이라 그들은 옛적부터 이 판결을 받기로 미리 기록된 자니 경건하지 아니하여 우리 하나님의 은혜를 도리어 방탕한 것으로 바꾸고 홀로 하나이신 주재 곧 우리 주 예수 그리스도를 부인하는 자니라 너희가 본래 모든 사실을 알고 있으나 내가 너희로 다시 생각나게 하고자 하노라 주께서 백성을 애굽에서 구원하여 내시고 후에 믿지 아니하는 자들을 멸하셨으며 또 자기 지위를 지키지 아니하고 자기 처소를 떠난 천사들을 큰 날의 심판까지 영원한 결박으로 흑암에 가두셨으며(유 1:3~6)

1. 그리스도인이 힘쓸 것

① 하나님이 나의 힘이요, 노래시다.
출 15:2에서, "여호와는 나의 힘이요 노래시며 나의 구원이시로다 그는 나의 하나님이시니 내가 그를 찬송할 것이요 내 아버지의 하나님이시니 내가 그를 높이리로다"

② 주의 힘으로 그들을 성별한 처소에 들이심
출 15:13, "주의 인자하심으로 주께서 구속하신 백성을 인도하시되 주의 힘으로 그들을 주의 거룩한 처소에 들어가게 하시나이다"

③ 마음 다하고 성품 다하고 힘 다해 주를 섬기라.
신 6:5, "너는 마음을 다하고 뜻을 다하고 힘을 다하여 네 하나님 여호와를 사랑하라"

④ 힘대로 물질 드려 성별 힘쓰라.

신 16:17, "각 사람이 네 하나님 여호와께서 주신 복을 따라 그 힘대로 드릴지니라"

⑤ 힘써 크게 여호와의 율법책을 낭독하라.

수 23:6, "그러므로 너희는 크게 힘써 모세의 율법 책에 기록된 것을 다 지켜 행하라 그것을 떠나 우로나 좌로나 치우치지 말라"

힘의 근원은 하나님이시다.(삿 16:9)

⑥ 다윗은 하나님 앞에 힘써 춤을 추었다.

삼하 6:14, "다윗이 여호와 앞에서 힘을 다하여 춤을 추는데 그 때에 다윗이 베 에봇을 입었더라"

너는 힘써 대장부가 되라. **왕상 2:2에서,** "너는 힘써 대장부가 되고" 다윗이 솔로몬에게 부탁하였다.

해산은 해야 되겠는데 힘이 없는 백성, **왕하 19:3,** "그들이 이사야에게 이르되 히스기야의 말씀이 오늘은 환난과 징벌과 모욕의 날이라 아이를 낳을 때가 되었으나 해산할 힘이 없도다"

그 백성의 힘이 약하여 기도하지 않고 전쟁 준비도 못하고 있다. **왕하 19:26에서,** "그러므로 거기에 거주하는 백성의 힘이 약하여 두려워하며 놀랐나니 그들은 들의 채소와 푸른 풀과 지붕의 잡초와 자라기 전에 시든 곡초 같이 되었느니라"

그러므로 나의 계명과 율례를 힘써 지키라고 하셨다. **대상 28:7,** "그가 만일 나의 계명과 법도를 힘써 준행하기를 오늘과 같이 하면 내가 그의 나라를 영원히 견고하게 하리라 하셨느니라"

하나님의 성전을 위하여 힘을 다 하라고 하셨다.(대상 29:2)
그리고 하나님의 율법을 지키기에 힘쓰라고 하셨다.(대하 31:4)
모두 힘을 내어 선한 일에 힘써야 한다. 느 2:18, "모두 힘을 내어 이 선한 일을 하려 하매"
나의 힘이 되신 여호와여 내가 주를 사랑하나이다. (시 18:1)
하나님을 자기의 힘으로 삼지 아니하면 망한다. (시 52:7)
눅 12:58, "화해하기를 힘쓰라"고 하셨다.

⑦ 마음을 같이 하여 오로지 기도하기를 힘쓰라. (행 1:14)
환난 중에 기도하기를 항상 힘쓰라. **롬 12:12,** "환난 중에 참으며 기도에 항상 힘쓰며" 항상 주의 일에 힘쓰는 자들이 되라. **고전 15:58,** "항상 주의 일에 더욱 힘쓰는 자들이 되라"
하나님을 기쁘시게 하는 자 되기를 힘쓰라.(고후 5:9)
기도하기를 항상 힘쓰고, 감사함을 더 하라. **골 4:2** "기도를 계속하고 기도에 감사함으로 깨어 있으라"

2. 싸우라!

① 죄와 싸워 이기라!
② 사단 마귀와 싸워 이기라!
③ 자신과 싸워 이기라!

엡 6:12, "우리의 씨름은 혈과 육을 상대하는 것이 아니요 통치자들과 권세들과 이 어둠의 세상 주관자들과 하늘에 있는 악의 영들을 상대함이라"
르비딤에서 이스라엘과 아말렉의 전쟁은 하나님과의 전쟁이었다. **출 17:16,** "이르되 여호와께서 맹세하시기를 여호와가 아말렉과 더불어 대대로 싸우리라 하셨다 하였더라" 하나님이 이스라엘을 대신하여 싸워 승리하신 것이다.

민 11장, 다베라에서 만나가 내렸다.

맛사에서 쓴물을 만났다.

기브롯 핫다아와에서 고기가 아직 이 사이에 있어 씹히기 전에 여호와께서 백성에게 대하여 진노하셨다.(민 11:33)

가데스바네아에서 12정탐꾼을 보냈으나 10명은 불가하다 했고, 2명은 가능하다고 했다.

모두 자신과의 싸움이다. 자신과의 싸움에서 이겨야 한다.

④ 아말렉과 대대로 싸우라.

출 17:16, "여호와께서 맹세하시기를 여호와가 아말렉과 더불어 대대로 싸우리라 하셨다 하였더라"

⑤ 주의 집을 위하여 싸우라.

왕하 10:3, "너희 주의 집을 위하여 싸우라"

⑥ 믿음의 선한 싸움을 싸우라. (딤전 6:12)

디모데는 내가 선한 싸움을 싸우고 나의 달려갈 길을 마치고 믿음을 지켰다고 했다.(딤후 4:7)

3. 하나님 나라를 이루는 길

① 교회를 통해서 이룬다.
② 성도를 통해서 하나님 나라 이뤄야 한다.

하나님 나라 이루지 않게 하기 위해 사단은 광명한 천사로 가장하여 현혹한다.

③ 교인이 교인답고, 교회가 교회다워야 한다.

사단은 교회다운 교회 못되게 하고, 교인다운 교인 못되게 방해한다.

현대는 인간이 이 땅에 낙원을 만들려고 한다. 개척으로 파라다이스 만들려는 인본주의적 발상이다.

인간의 지성으로 현대 문명을 만들려 하고, 가공할 무기 만들어 전쟁으로 인간 말살 위기를 조장하였다.

천국 낙원을 인간의 힘으로 만들려 했다. 그러나 그것은 불가능한 일이다.

인도의 종교 불교, 뉴에이지, 종교 다원주의... 이러한 종교들에는 절대 진리가 없다. 하나님께 다가가는 길은 오직 예수님 한 길 뿐이다.

그런데 사단의 전략으로 교회다운 교회가 되지 못하는 경우가 많다.

이단 세력들이 팽창되고 있다. 이들은 역사이래 지금까지 존재해왔다. 이들은 "가만히 들어온 사람 몇이 있음이라"(유 1:4) 이처럼 교회 안으로 가만히 들어온다.

믿음으로 힘써 싸워야 한다. 지금 대충 믿고 신앙생활 하면 안 된다. 이단의 정체를 알고 그들의 접근을 차단해야 한다. 그들은 자신의 실체를 감추고 진솔한 삶, 나누는 삶을 보이려 한다. 그러나 그들에게는 심판이 있다. 판결받기 위해 미리 정해졌다.

① 이스라엘이 출애굽하여 광야 여행 중, 불신으로 인하여 심판받아 광야에서 다 죽었다.

② 소돔과 고모라 성 심판은 우리의 거울이다. 음란한 육체 따라 행하는 것은 심판 때 하는 행태이다.

날마다 말씀 중심의 신앙생활을 해야 한다. 66권의 성경은 한 사람이 기록한 것 같은 통일성이 있다. 오직 그리스도다. 말씀 전후 문맥에 따라 읽어야 하나님의 뜻을 바로 알 수 있다. 하나님의 뜻에 복종하고 하나님 나라 누리면서 살기를 축원한다.

●●■ 제 21 장

나를 위한 하나님의 계획
(롬 8:28~30)

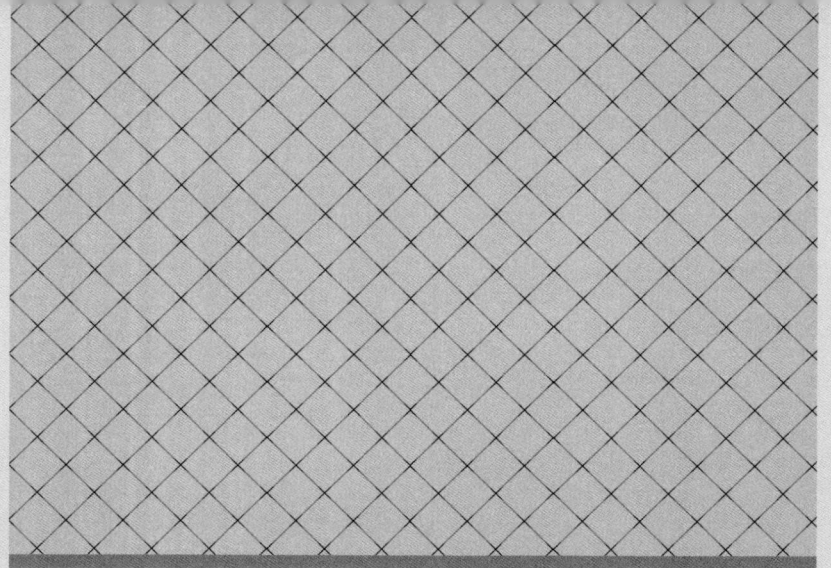

● ● ● 제 21 장

나를 위한 하나님의 계획(롬 8:28~30)

1. 힘써야 하나님의 계획 알 수 있다.
2. 말씀에 순종하는 사람이 알 수 있다.
3. 사명 감당해야 하나님의 계획을 알 수 있다.
4. 기도가 하나님의 계획을 아는 길이다.

제 21 장
나를 위한 하나님의 계획
(롬 8:28~30)

우리가 알거니와 하나님을 사랑하는 자 곧 그의 뜻대로 부르심을 입은 자들에게는 모든 것이 합력하여 선을 이루느니라 하나님이 미리 아신 자들을 또한 그 아들의 형상을 본받게 하기 위하여 미리 정하셨으니 이는 그로 많은 형제 중에서 맏아들이 되게 하려 하심이니라 또 미리 정하신 그들을 또한 부르시고 부르신 그들을 또한 의롭다 하시고 의롭다 하신 그들을 또한 영화롭게 하셨느니라(**롬 8:28~30**)

하나님께서 나를 위한 계획을 갖고 계실까? 있으시다면 과연 어떤 것일까? 계획이나 섭리(Providence, 라틴어로 Deus providet)라는 의미는, '~앞에' 혹은 '~전에'를 의미하는 접두어 프로(pro)와 '보다'라는 뜻의 라틴어 동사 '비데레'(videre)의 합성어로 '미리 본다'라는 뜻이다. 즉, 미리 예견하고 미리 준비하고 고려한다는 의미인 것이다. 하나님의 섭리를 잘못 이해하면 안 된다.

웨스트민스터 소요리 문답 제11문 '하나님의 섭리'에서는, "하나님의 섭리의 사역들은 자기가 지으신 모든 피조물들과 그 모든 행동들을 지극히 거룩하고, 지혜롭고, 능력있게 보존하시고 통치하시는 것"이라고 했다.

내가 신자인 것도, 그리고 지금 이 시간 하나님의 말씀을 접하는 것도 모두 하나님의 계획가운데 이루어지는 것이다.

인간은 인력이 아닌 어떤 큰 세력에 의해 결정됐다고 하는 운명이란 것을 믿는다. 그러나 성서는 하나님의 계획을 알리고 있다.

공중의 새를 보라. 심지도 않고, 거두지도 않고, 창고에 모아들이지 않아도 하나님이 다 기르신다.(마 6:26, "공중의 새를 보라 심지도 않고 거두지도 않고 창고에 모아들이지도 아니하되 너희 하늘 아버지께서 기르시나니 너희는 이것들보다 귀하지 아니하냐")

참새 두 마리가 한 푼에 팔리는 것도 하나님의 허락하심 없이는 안 되고, 아버지께서 허락하지 않으시면 그 하나도 땅에 떨어지지 않는다.

(마 10:29, "참새 두 마리가 한 앗사리온에 팔리지 않느냐 그러나 너희 아버지께서 허락하지 아니하시면 그 하나도 땅에 떨어지지 아니하리라")

짐승의 출생, 존재, 죽음의 문제도 하나님의 계획 속에 있다.

잠 16:1에서, 마음의 경영은 사람에게 있어도 말의 응답은 여호와께로부터 나온다고 하셨다.

잠 16:9에서는, 사람이 마음으로 자기의 길을 계획할지라도 그의 걸음을 인도하시는 이는 여호와시니라고 하셨다.

시 40:5에서, 주께서 행하신 기적이 많고 우리를 향하신 주의 생각도 많다고 하셨다.

사 55:8~9에서는, 내 생각이 너희의 생각과 다르며 내 길은 너희의 길과 다르다. 이는 하늘이 땅보다 높음 같이 내 길은 너희의 길보다 높으며 내 생각은 너희의 생각보다 높다고 하셨다.

그리스도인은 하나님의 계획에, 나의 계획이 어긋나지 않을까 조심해야 한다. 나를 위해 정하시고 허락하시고 예비하신 계획을 알기 위하여 힘써야 한다.

1. 힘써야 하나님의 계획 알 수 있다.

천국은 침노를 당하나니 침노하는 자는 **빼앗는**다고 하셨다.

① 교회를 위해 힘써 일해보지 않은 사람은 하나님의 계획을 알 수 없다.

힘쓰고 충성해본 사람이라야 하나님께서 나를 이 자리에 필요하시겠기에 부르셨구나 하는 계획을 알게 된다.

② 한 생명이라도 구원하기 위해 노력해본 사람이라야 나를 전도자로

부르셨다는 계획을 알게 된다.

힘써 일 해본 일 없는 사람, 충성해보지 못한 사람은 하나님의 계획을 모른다.

마 7:7에서, "구하라 그리하면 너희에게 주실 것이요 찾으라 그리하면 찾아낼 것이요 문을 두드리라 그리하면 너희에게 열릴 것이니"라고 하셨다. 구하고, 찾고, 문을 두드려야 역사가 일어난다.

힘쓰고 노력하는 자가 얻는다. 우리가 힘쓸 것은 구하고, 찾고, 두드리는 것이다. 그래야 하나님의 계획을 알 수 있다.

2. 말씀에 순종하는 사람이 알 수 있다.

어떤 환자가 병원에서 진단받고 약 6봉지를 받았다. 한 봉지 먹어도 안 나으니 다른 병원으로 옮기고, 또 다른 병원으로 옮겨 다니다 병이 더 악화됐다. 다 먹어보고 결정해야지 섣불리 결정하고 행동한 결과이다.

말씀의 계획에 순종해야 그 계획을 알 수 있다. 나아만 장군이 문둥병이 걸려 하나님의 사람의 말씀대로 요단강에 6번 목욕해도 하나도 낫지 않았다. 그러나 7번 몸을 잠그니 그 살이 아이의 살 같아서 깨끗하게 되었다. 일부분만 순종하지 말고 전부를 순종해야 한다.

하나님께서 아브라함에게 본토 친척 아비 집을 떠나 내가 네게 지시할 땅으로 가라 하니 순종했고, 이스마엘을 떠나보내라 하니 순종했고, 이삭을 바치라 하니 순종했다. 모두 순종함으로 하나님께 인정받는 신앙인이 된 것이다.

엘리사가 선지 생도의 아내가 남편이 죽자 빚 준 사람들이 찾아와 아들을 종으로 삼고자 한다며 도와달라 간청하니 큰 그릇을 빌려와 기름을 부으라 하니 그대로 순종했다. 기름을 팔아 빚을 갚았다. 순종이 제사보다 낫다.

예수님은 말씀을 듣고 순종하지 않는 것은 모래 위에 집을 짓는 것과 같다고 하셨다. 순종하는 자는 반석 위에 집을 짓는 자이다.

순종한 모세는 자기를 들어 하나님의 계획이 성취될 것을 믿고 이스라엘을 인도했다.

자녀는 부모에게 순종해야 유산을 받을 수 있고, 제자는 스승을 믿고 순종해야 진리를 깨달을 수 있다. 환자는 의사를 믿고 순종할 때 병을 고칠 수 있고, 그리스도인은 말씀에 순종해야 하나님의 계획을 알 수 있다.

호 14:2에서는, 말씀을 가지고 여호와께로 돌아와 모든 불의에서 사함 받게 하소서라고 간구하였다. 우리를 향한 하나님의 계획을 알아야 한다.

3. 사명 감당해야 하나님의 계획을 알 수 있다.

슈바이처는 사명감으로 아프리카 원주민들에게 생명 걸고 의료 선교하며 복음을 전하였다.

검은 대륙 아프리카의 위대한 선교사 데이빗 리빙스턴은 무덥고 짜증만 나는 한낮이 계속되고, 또 춥고 소름끼치는 그 많은 밤동안 자신과의 싸움을 계속했다. 병, 기후와 설사, 온갖 짐승의 공격과 인디언들의 방해로 당한 고통도 이만저만이 아니었다. 그의 오른 팔은 사자의 공격으로 불구가 되었다. 사명 있는 자는 죽지 않는다.

신실한 자는 나의 사명이 무엇이며, 내가 사명을 다 했는지? 하나님의 비밀 계획은 무엇인지? 자신의 사명을 감당하는 동안 하나님의 계획을 알게 된다.

4. 기도가 하나님의 계획을 아는 길이다.

위력있는 기도자는 세리처럼 멀리 서서 감히 눈을 들어 하늘을 쳐다보지도 못하고 다만 가슴을 치며 하나님이여 불쌍히 여기소서. 나는 죄인이로소이다. 고백하며 기도하여 하나님의 계획을 아는 사람이고, 엘리야처럼 제단에 불을 붙여 하나님의 계획을 알게 한다.

약 5:16에서, 너희 죄를 서로 고백하며 병이 낫기를 위하여 서로 기도하라 의인의 간구는 역사하는 힘이 크다고 하셨다.

렘 33:2~3에서는, "일을 행하시는 여호와, 그것을 만들며 성취하시는 여호와, 그의 이름을 여호와라 하는 이가 이와 같이 이르시도다 너는 내게 부르짖으라 내가 네게 응답하겠고 네가 알지 못하는 크고 은밀한 일을 네게 보이리라"고 하셨다.

사무엘은 성전에 살면서 기도하다가 하나님의 음성을 듣고 엘리 제사장의 집에 대한 하나님의 계획을 알게 되었다.

엘리사는 기도로 하나님의 뜻을 알았고, 바울은 기도하다가 하나님의 나라를 보게 되었다. 고넬료는 기도하다가 천사의 환상을 보고 베드로를 청했다. 이렇듯 하나님의 백성인 성도에게 특별한 계획을 갖고 계신다.

하나님을 반역하여 곁길로 가던 사울도 하나님의 계획에 의해 구원받고 바울이 되었다.

하나님은 아브라함에게 특별한 계획을 갖고 계셨다. 바로 그의 백성 이스라엘을 선민으로 삼기 위해 갈대아 우르에서 부르신 것이다.

하나님은 이스라엘 백성을 위해 모세를 부르시고, 그의 계획을 성취하여 이스라엘을 구속하셨다. 하나님의 계획은 나를 구속 예정하시고, 본 교회 사명자로 세워 하나님의 뜻대로 기도도 하고 실천하게 하셨다. 충성하고 헌신하고, 희생해서라도 사명을 다 해야 한다.

하나님의 계획 안에서 살기를 힘써야 한다. 순종하라! 사명대로 살며 기도하며 살자! 반드시 크고 비밀한 하나님의 계획 속에 그 계획을 이룩하면서 사는 성도들이 되라!

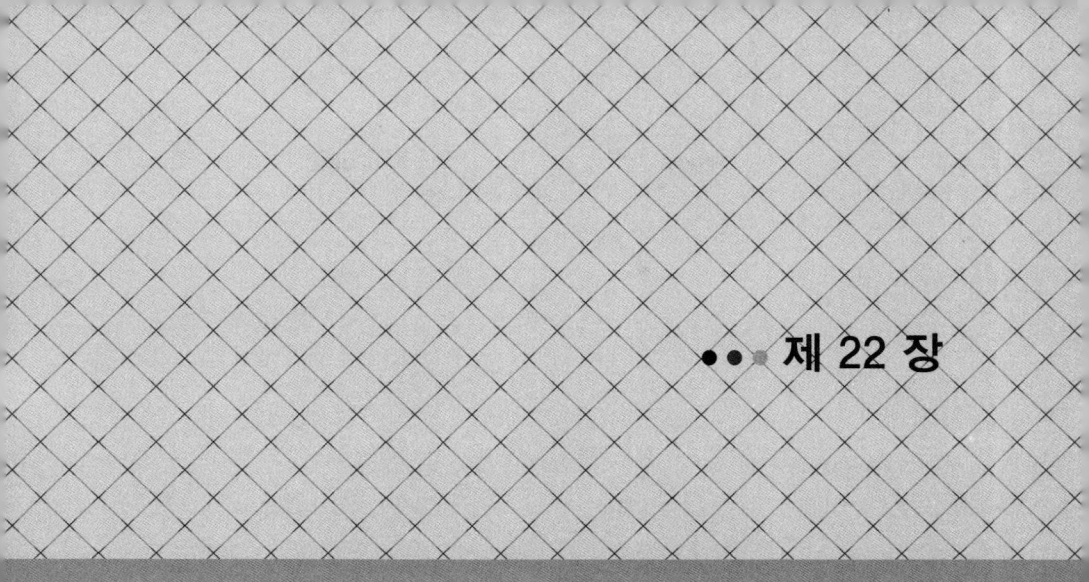

제 22 장

초대교회의 부흥
(행 2:42~47)

● ● ● 제 22 장

초대교회의 부흥(행 2:42~47)

1. 모이는 부흥이 일어나야 한다.
2. 기도의 부흥이 일어나야 한다.
3. 말씀의 부흥이 일어나야 한다.

제 22 장
초대교회의 부흥
(행 2:42~47)

그들이 사도의 가르침을 받아 서로 교제하고 떡을 떼며 오로지 기도하기를 힘쓰니라 사람마다 두려워하는데 사도들로 말미암아 기사와 표적이 많이 나타나니 믿는 사람이 다 함께 있어 모든 물건을 서로 통용하고 또 재산과 소유를 팔아 각 사람의 필요를 따라 나눠 주며 날마다 마음을 같이 하여 성전에 모이기를 힘쓰고 집에서 떡을 떼며 기쁨과 순전한 마음으로 음식을 먹고 하나님을 찬미하며 또 온 백성에게 칭송을 받으니 주께서 구원 받는 사람을 날마다 더하게 하시니라(행 2:42~47)

초대교회의 부흥은 내부적으로나 외부적 부흥이 건실했다.
현대는 지식있는 사람들이 모이는 부흥, 부자들이 모이는 부흥회, 권력자들과 모이는 부흥회… 등이 다수이다. 그러나 내적으로는 대단히 빈약한 실정이다.
내부적 부흥이라 함은, 모이는 부흥, 기도의 부흥, 말씀의 부흥, 사랑의 부흥, 순종의 부흥이다. 이러한 부흥이 일어나야 한다.
외부적 부흥이라 함은, 성도 간 친교의 부흥, 기사가 일어나는 부흥, 구제운동이 일어나는 부흥, 백성에게 칭송듣는 부흥, 구원받는 자 증가하는 부흥회이다.

1. 모이는 부흥이 일어나야 한다.

잘 모여야 한다. 그런데 잘 모이지 않는 교회가 있다. 매일같이 모여 기도 많이 하고 모이는 교회가 부흥된다. 만사 제치고 잘 모이면 그 교회는 크게 부흥된다.

사무엘상 7장에서, 이스라엘이 미스바에 모일 때 회개운동이 일어나고, 금식기도하고 기쁨이 넘쳤다.

행 2:1~4에서, 오순절에 한 곳에 모이니 성령이 임하였다는 기록이 있다. 모일 때 역사가 일어난다. 열심히 모이면 은혜받고 충성스럽게 일하고 축복받는다.

대개의 교회들이 주일 낮, 오후, 수요일, 새벽기도에 모이는 수가 제각각이고 그 수가 줄어든다. 그러나 이스라엘이 갈멜산에 모였을 때, 기도응답으로 제단에 불이 붙었다. 열심히 모여 기도하면 응답의 불이 떨어진다.

주님께서는 "내게 가까이 하지 않는 자는 나를 해치는 자"라 하셨다. 잘 모이는 교회가 축복받는다.

2. 기도의 부흥이 일어나야 한다.

본문 42절에서, "전혀 기도에 힘쓰더라"고 하셨다.

행 1:14, "여자들과 예수의 어머니 마리아와 예수의 아우들과 더불어 마음을 같이 하여 오로지 기도에 힘쓰더라"고 하셨다.

사 56:7과 마 21:13에서, 기록된 바 내 집은 만민이 기도하는 집이라 하셨다. 기도하는 사람이 24시간 끊어지지 않는 교회, 직장 다니고, 학교 다녀도 새벽기도, 철야기도, 특별기도로 밤이면 밤마다 비우지 않는 교회가 부흥하는 것이다.

삼상 12:23에서, 사무엘은, 나는 너희를 위하여 기도하기를 쉬는 죄를 여호와 앞에 결단코 범하지 않겠다고 하였다.

도적질만 죄가 아니고, 살인만 죄가 아니고, 간음한 것만 죄가 아니고, 게으르고 나태한 것도 죄요, 기도하기를 쉬는 것도 죄다.

마태복음 25장에서 미련한 5처녀는 깨어 기도하지 않으므로 신랑이 와도 내가 너희를 알지 못하노라고 하였다. 기도하지 않는 신자는 자신의 힘으로 무엇인가 해보려는 자신만만한 사람이다. 그러나 하나님과의 관계는 점점 더 멀어져간다.

예수님은 항상 기도하셨다. 광야에서 40일 기도, 눅 6:12에서는 기도하시러 산으로 가사 밤이 새도록 하나님께 기도하셨다고 했다. 그렇게 기도하시고 날이 밝자, 제자들을 선택하셨다.

청지기 임명도 기도로 해야 한다. 사사기 9:1~16에서, 아비멜렉이 왕이 되려고 친족들을 찾아다니며 은 70개로 돈을 물 쓰듯 쓰면서 왕이 됐다. 그러나 한 여인이 맷돌 윗짝을 아비멜렉의 머리 위에 내려 던져 그의 두개골이 깨져 죽었다.

기도로 선택해야 한다. 노회장 운동, 총회장 운동… 비성서적이다.

예수님은 십자가 사건 앞두고 얼굴을 땅에 대시고 엎드려 "아버지여 만일 할 만 하시거든 이 잔을 내게서 지나가게 하옵소서 그러나 나의 원대로 마시옵고 아버지의 원대로 하옵소서"라며 기도하셨다(마 26:39). 기도하는 사람이 하나님의 뜻을 이룰 수 있다.

세례 문답 시에도, 예수님은 어디에 계시는가? 묻는다. 그러면 하나님 보좌 우편에 앉아 계신다라고 답한다. 누구의 죄 때문에 사망하셨나? 우리의 죄 때문이다. 심판 때에도 구원받고 기도하는 자는 주님 만난다.

기도의 원 뜻은 노동, 대화, 호흡이라는 것이다.

① 기도는 영적 노동이다.

천사와 겨루어 이기고 울며 그에게 간구하였으며 하나님은 벧엘에서 그를 만나셨고 거기에서 말씀하셨다.(호 12:4)

야곱은 홀로 남아 날이 새도록 어떤 사람과 씨름하였다.(창 32:24)

엘리야가 갈멜 산 꼭대기로 올라가 땅에 꿇어 엎드려 그의 얼굴을 무릎 사이에 넣고 기도하였다.(왕상 18:42)

기도는 큰 노동이다. 하나님과 겨루어 이기고 울면서 간구하며, 밤이 새도록 씨름하며 했던 것이 기도이다. 고향으로 오는 야곱에 대하여 형 에서는 400명을 거느리고 온다. 이제 방법은 인력으로 불가능하다. 하나님께 기도할 뿐이다. 결사적으로 기도함으로 이스라엘이라는 이름을 얻었다.

진리수호는 참 신앙을 가진 자가 할 수 있다. 그런데 그러한 사람이 사방으로 우겨 쌈을 당하고 생사의 위기에 서고, 구경거리가 되기도 하였다. 그러나 사방으로 우겨쌈을 당하여도 싸이지 아니하며 답답한 일을 당하여도 낙심하지 아니하며 박해를 받아도 버린 바 되지 아니하며 거꾸러 뜨림을 당하여도 망하지 아니한다.(고후 4:8~10)

엘리야 선지자가 활동하던 시대에는 거짓 선지자들이 판을 치던 때였다. 바알과 아세라 상을 섬기는 사제 총 850명은 왕후의 총애로 기름진 음식 먹으며 왕궁을 출입하였다. 멋 부리고 당당했다. 그러는 동안 하나님의 사람은 그릿 시냇가에서 까마귀가 물어온 먹이로 살았다. 광대뼈가 나오고 남루한 옷 입은 기인(奇人)의 길을 걸어갔다. 기도하고 십자가의 길 가면 축복과 영광이 따른다.

야곱은 뼈가 부러지도록 기도하였다. 엘리야는 왕상 18:41~44에서, 땅에 꿇어 엎드려 그의 얼굴을 무릎 사이에 넣고 기도하였다. 예수님은 눅 22:41에서, 무릎을 꿇고 기도하셨다. 다니엘은 단 6:10에서, 예루살렘으로 향하여 무릎을 꿇고 기도하였다. 스데반도 바울도 모두 무릎을 꿇고 기도하였다.

② 기도는 대화이다.

하나님께서는 네가 부를 때에는 나 여호와가 응답하겠고 네가 부르짖을 때에는 내가 여기 있다 하리라고 하셨다.(사 58:9) 우리가 부르면 응답하시겠다고 하셨다.

마태복음 6장에서는, 사람에게 보이려고 그들 앞에서 너희 의를 행하지 않도록 주의하라고 하셨다. 구제할 때에나 기도할 때에나 금식기도 할 때에나 사람 앞에 보이기 위해 행하지 말고, 구제할 때에도 오른손이 하는 것을 왼손이 모르게 하라고 하셨다.

기도할 때에는 골방에 들어가 하고, 금식기도 할 때에는 머리에 기름을 바르고 얼굴을 씻으라고 하셨다. 하나님은 은밀한 중에 다 보고 계신다.

사람들은 장황하게 수사적(修辭的)인 기도, 자신의 이익을 생각하며 보물을 생각하는 기도, 무조건 주실 줄 믿습니다라며 기도한다. 그러면서 놀면서 뒹구는 신자들이 있다. 사람들 만나 밤이 새도록 얘기하면서, 실상 하나님과의 대화는 짧거나 믿음없이 본인 요구사항만 늘어놓는다.

그러나 사 1:18에서, 오라 우리가 서로 변론하자 너희의 죄가 주홍 같을지라도 눈과 같이 희어질 것이요 진홍 같이 붉을지라도 양털 같이 희게 되리라고 하셨다. 하나님과 의논하라.

③ 기도는 호흡이다.

렘 4:19에서, 슬프고 아프다 내 마음 속이 아프고 내 마음 답답하여 잠잠할 수 없으니 이는 나의 심령이 나팔 소리와 전쟁의 경보를 듣는다고 했다.

눅 18:1에서 예수님께서는 항상 기도하고 낙심하지 말아야 한다고 하셨다. **살전 5:17**에서도 쉬지 말고 기도하라고 하셨다.

기도는 그 누군가가 대표할 때도 있으나 개인적 기도를 해야 한다. 그것이 내가 사는 길이고, 복받는 길이고 마귀를 이기는 길이며, 교회가 잘 되는 길이다. 기도하는 그리스도인이 되어야 한다.

3. 말씀의 부흥이 일어나야 한다.

하나님께서는 **신 5:31~32에서,** 성경을 평생 옆에 두고, 하나님 경외하기를 배우며, 말씀의 규례대로 지켜 교만치 말고, 삼가 행하여 좌로나 우로나 치우치지 말라고 하셨다.

세례 요한은 군인들이 찾아와 우리는 무엇을 하리이까 물으니 사람에게서 강탈하지 말며 거짓으로 고발하지 말고 받는 급료를 족한 줄로 알라고 하였고, 세리들은 늑징하지 말고 부자들은 두벌 옷 중 한 벌 옷을 가난한 자들에게 주라고 하였다.

주님께서는 회개하고 복음을 믿으라, 내 안에 살아라, 말씀을 수호하라고 하셨다. 베드로의 설교, 스데반의 설교, 바울의 설교 모두 말씀 부흥의 설교였다.

밧단아람으로 가던 야곱은 벧엘에서 돌베개 베고 자던 중 꿈에 하늘로 닿은 사닥다리 위를 오르락내리락하는 천사를 보았다. 그리고 20년 간 나타나 말씀하시지 않았다. 하란 땅에서 라헬과 레아 두 아내를 위해 14년, 라반과의 정식 고용 계약 기간 6년 등 모두 20년이었다. 그러나 야곱은 하나님의 말씀을 의지했다.

아브라함도 14년간 나타나시지 않은 때가 있었다. 엘리 제사장은 죽을 때까지 나타나시지 않았다. 그러나 사무엘에게는 말씀하셨다.

말라기 선지자는 더러운 떡, 눈 먼 희생제물, 저는 것, 병든 것을 제단에 드린 것을 책망했다. 그러나 이스라엘은 고칠 기색이 없었다. 400년 간 말씀이 끊어졌다.

요단강 가에서 회개하라! 외친 세례 요한의 음성이, 한국의 수많은 강단에 그대로 전달되어져야 한다. 오늘 우리에게까지 전달되는 그 말씀 듣고 실행하여 말씀 부흥이 일어나길 바란다.